Mayito

**Wie eine Reise nach Kuba
mein Leben verändert hat**

Mayito

**Wie eine Reise nach Kuba
mein Leben verändert hat**

Birgit Panzer

Bibliografische Information der Deutschen National-bibliothek:
Die Deutsche Nationalbibliothek verzeichnet diese Publikation in der Deutschen Nationalbibliografie; detaillierte bibliografische Daten sind im Internet über http://dnb.dnb.de abrufbar.

Mayito
Wie eine Reise nach Kuba mein Leben verändert hat
© 2017 Birgit Panzer

Herstellung und Verlag: BoD – Books on Demand, Norderstedt

ISBN: 978-3-7460-3272-6

Inhaltsverzeichnis

Kapitel I

Kapitel II

Kapitel III

Kapitel IV

Logbuch-Eintrag von Christoph Columbus, 1492

„Ich habe keinen schöneren Ort je gesehen. Die beiderseitigen Flussufer waren von blühenden, grün umrankten Bäumen eingesäumt, die ganz anders aussahen als die heimatlichen Bäume. Sie waren von Blumen und Früchten der verschiedensten Art behangen, zwischen denen zahllose, gar kleine Vögelein ihr süßes Gezwitscher vernehmen ließen. Es gab da eine Unmenge an Palmen. Sie waren mittelgroß, hatten an den unteren Enden keine Zellfasern und sehr breite Blätter, mit denen die Eingeborenen die Dächer ihrer Behausungen bedeckten. Ich gestehe, beim Anblick dieser blühenden Gärten und grünen Wäldern und am Gesang der Vögel eine so innige Freude empfunden zu haben, dass ich es nicht fertig brachte, mich los zu reißen und meinen Weg fortzusetzen. Die Insel ist wohl eine der schönsten, die Menschenauge je gesehen, reich an ausgezeichneten Ankerplätzen und tiefen Flüssen."

Christoph Columbus

Kapitel 1

Wie alles begann

Alles begann an einem kalten Januartag im Jahr 2015, als ich mich am Abend mit meiner Freundin Melanie im Dillinger traf. Ich mochte das Dillinger, eine Gaststätte, in der man immer gut essen und leckere Cocktails schlürfen konnte. Es war nicht zu laut dort und es herrschte immer eine gemütliche Atmosphäre.

Melanie machte jedes Jahr Rundreisen in die verschiedensten Länder und erzählte mir von ihren neuesten Reiseplänen für das bevorstehende Jahr. Auf ihrem Plan stand dieses Mal eine Rundreise durch den Westen Kubas. Von ihren Plänen begeistert und angetan, beschloss ich, mit nach Kuba zu fliegen. Ich wollte schon immer nach Kuba, nur hatte es sich bisher nicht ergeben. Eine geführte Rundreise in einer Gruppe hatte ich auch noch nie gemacht, was mich noch neugieriger machte.

Das einzige Problem war, dass ich zu dieser Zeit arbeitslos war. Ich hatte im Dezember 2014 kurz vor Weihnachten meinen Job in einer Patentanwaltskanzlei verloren, jedoch hatte ich bereits zwei Termine für Vorstellungsgespräche in zwei verschiedenen Patentanwaltskanzleien ausgemacht. Melanie meinte, es sei kein Problem mit der Buchung der Rundreise noch etwas zu warten, denn natürlich konnte ich nur eine Reise buchen, wenn ich auch einen Job hatte.

Beide Vorstellungsgespräche liefen gut, jedoch war ich von der kleinen Kanzlei in München im Stadtteil Pasing begeistert. Es war eine kleine Kanzlei mit einem sehr netten Team. Schon beim Vorstellungsgespräch fühlte ich mich sehr wohl. Einige Tage später bekam ich dann den Anruf, dass ich den Job hatte und am 1. April anfangen könne. Ich sagte Melanie Bescheid, dass ich den Arbeitsvertrag unterschrieben hatte, dass ich jedoch noch abklären müsste, ob ich im November in Urlaub fliegen könne. Als ich auch diesbezüglich ein „Ja" bekam, buchten wir unsere Reise nach Kuba.

Ich besorgte mir einen Reiseführer, damit ich mich zumindest ein wenig vorab informieren konnte. Die Rundreise sollte uns durch den Westen Kubas führen, wobei natürlich Havanna das Highlight sein sollte. Auch leichte bis mittelschwere Wanderungen standen auf dem Programm, was mir ein bisschen Kopfzerbrechen machte. Wer mich kennt, der weiß, dass ich ein absoluter Sportmuffel und total unsportlich bin. Aber „leicht" bis „mittelschwer" sollte doch zu schaffen sein. Die Vorfreude auf Kuba war groß und die Monate bis dahin vergingen wie im Flug. Meine Arbeit in der neuen Kanzlei machte Spaß und ich fühlte mich pudelwohl dort.

Auf geht's nach Kuba!

Mit gepackten Koffern und voller Vorfreude starten wir am 5. November 2015 von München aus Richtung Kuba. Wir fliegen mit Air Canada über Toronto, wo wir einige Stunden Aufenthalt haben. Es tut gut, sich nach dem langen Flug von München nach Toronto etwas die Beine zu vertreten oder einen Kaffee zu trinken. Kurz vor dem Abflug nach Havanna beobachten wir neugierig die Passagiere, die sich in unserem Abflugbereich befinden, da wir vermuten, dass einige von ihnen in unserer Reisegruppe sind.

Nach dreieinhalb Stunden Flug landen wir schließlich müde und geschafft in Havanna. Nachdem wir unsere Koffer in Empfang genommen haben, was eine gefühlte Ewigkeit dauert, verlassen wir das klimatisierte Flughafengebäude und spüren sofort die feuchtwarme Luft auf unserer Haut. Es weht eine leichte Brise und nach der ersten Zigarette nach diesen vielen Stunden Flug ist mir schwindlig. Da es in Deutschland vorab nicht möglich ist, Euro in CUC zu tauschen, stellen wir uns in die lange Schlange vor der Wechselstube am Flughafen. Schon im Vorfeld haben wir uns informiert und erfahren, dass in Kuba zwei offizielle Währungen existieren, der CUP (Peso Cubano) und der CUC (Peso Convertible). Mit CUP bezahlen die Kubaner vor allem die vom Staat stark subventionierten Lebensmittel, Einkäufe auf Bauernmärkten, Miete, Telefon, Fahrten mit dem Bus, usw., jedoch für fast alle anderen Einkäufe müssen sie ebenso in CUC bezahlen.

Nachdem wir also Euro in CUC getauscht haben, machen wir es uns in unserem Transferbus bequem und warten bis alle Leute, die auf der Liste der Reiseleiterin stehen, anwesend sind. Das Warten jedoch nimmt kein Ende, denn ein Ehepaar, das auf der Liste steht, ist nicht aufzufinden. Als klargestellt ist, dass sie sich auch nicht mehr am Gepäckband bzw. in der Ankunftshalle des Flughafengebäudes befinden, starten wir endlich in Richtung Hotel. Es ist bereits nach Mitternacht, als wir den Flughafen verlassen. Melanie, ich und die restlichen zwölf Leute im Bus gehören alle zu unserer Reisegruppe, wobei Melanie und ich die jüngsten sind.

Als wir endlich am Hotel „Deauville" ankommen, ist es bereits 1 Uhr nachts und aus der hoteleigenen Diskothek schallt laute Musik, die bis auf die Straße hinaus zu hören ist. Ich freue mich nur noch auf eine Dusche und eine Mütze voll Schlaf, denn am nächsten Tag geht es ja schon um 9 Uhr wieder los mit der Tour durch Havanna. Nachdem wir unser Zimmer im 8. Stock betreten haben, werfe ich erst einmal meinen Rucksack auf das Bett und öffne die Balkontür. Ich bin begeistert. Wir haben direkten Blick auf das Meer und auf den Malecón, der zu diesem Zeitpunkt überfüllt mit singenden, feiernden und lachenden Menschen ist. Ja es ist etwas laut, aber was soll's. Wir sind schließlich in La Habana.

La Habana

Nach der lang ersehnten Dusche schlafe ich für einige Stunden wie ein Baby und wache ziemlich früh auf. Sofort zieht es mich auf den Balkon und ich genieße den traumhaften Ausblick auf das Meer, während die Sonne langsam aufgeht. Immer noch sind einige übrig gebliebene Nachtschwärmer am Malecón zu sehen. Es ist aber angenehm ruhig geworden. Der Malecón ist nichts anderes als die Uferstraße, die von einem Steindamm umgeben ist, wobei der Malecón in Havanna der wohl bekannteste ist. Vor allem abends, wenn die Temperaturen erträglich geworden sind, ist er ein beliebter Treffpunkt, an dem gefeiert, getrunken oder einfach nur übers Leben philosophiert wird.

Nach dem sehr reichhaltigen Frühstück treffen wir uns alle in der Hotelhalle und warten ganz gespannt auf unseren Reiseleiter. Etwas verspätet kommt er und stellt sich vor. Sein Name ist Alejandro und er macht einen sehr netten und sympathischen Eindruck. Mittlerweile ist auch das am Vorabend am Flughafen fehlende Ehepaar Platzek wieder aufgetaucht. Wir sind also vollzählig und gehen alle gemeinsam zu unserem Transtur-Bus, der auf der anderen Straßenseite wartet. Als wir sitzen, erklärt Alejandro, dass wir nun für die nächsten zwei Wochen denselben Bus haben und uns die Nummer des Busses „3625" merken sollten. In Kuba nennt man den Bus „guagua" und ich muss lachen, denn „guagua" hört sich wie Entengequake an. „Bienvenido a Cuba, herzlich Willkommen in Kuba" begrüßt uns Alejandro und stellt uns auch gleich unseren Busfahrer für die nächsten zwei Wochen vor.

„Das ist unser Busfahrer und er heißt Mario, aber er möchte, dass Ihr ihn Mayito nennt". „Mojito? Er heißt Mojito? Dann heißt er ja wie das Getränk!", platzt es aus mir heraus. Alle lachen und auch Mayito findet das sehr lustig und lacht mit. Mir ist es etwas peinlich, denn ich habe den Namen wirklich nicht richtig verstanden.

Die zwei Tage in Havanna sind wunderschön. Viele Leute sagen „Kuba liebt man oder man hasst es!". Bei mir ist es Liebe auf den ersten Blick. Am ersten Tag steht das „Museo de la Revolución", das Revolutionsmuseum auf dem Programm. Neben unzähligen Erinnerungsstücken an die Revolution kann man dort auch das berühmte Boot „Granma" bewundern, mit dem Fidel Castro zusammen mit seinen Freiheitskämpfern die Revolution begann. Ebenso besuchen wir das kleine Viertel Santo Ángel in Havanna, wo wir das Sozial- und Kunstprojekt „Arte Corte" kennenlernen dürfen. Unter anderem besichtigen wir dort ein Barbiermuseum, das heute gleichzeitig als Friseursalon betrieben wird. Man kann sich dort die Haare auf historischen Stühlen schneiden lassen und dabei Kunstwerke zum Thema Haare bewundern. Das „Arte Corte"-Projekt ermöglicht Jugendlichen unter anderem eine kostenlose Friseurausbildung zu machen.

Bei dem gemeinsamen Mittagessen mit unserer Gruppe sitzen wir zusammen mit Kerstin und Christina an einem Tisch und haben so die Gelegenheit, die beiden schon etwas kennenzulernen. Das Essen ist lecker und wir werden sogar von einer kubanischen Band unterhalten. Einigen aus der Gruppe ist es zu laut aber ich bin begeistert von der Band und empfinde die kubanische Musik als die richtige Einstimmung auf die kommenden zwei Wochen. Nach dem Essen starten wir zur Festung Havannas, dem „Castillo de los Tres Reyes del Morro". Die Festung soll die Stadt vor Piratenangriffen geschützt haben. Jeden Abend um 21 Uhr findet dort die Kanonenschusszeremonie, die so genannte „El cañonazo de las nueve" statt. Im 17. Jahrhundert wurde der Schuss von einem Schiff abgegeben, um die Einwohner Havannas darüber zu informieren, dass die Stadttore geschlossen werden.

Die Hitze und die hohe Luftfeuchtigkeit machen mir zu schaffen und ich habe ziemliche Probleme mit meinem Kreislauf, was auch zugegebenermaßen daran liegt, dass ich wieder einmal viel zu wenig getrunken habe. Der Blick von der Festung aus auf die gegenüberliegende Stadt und die Hafenbucht ist jedoch einzigartig.

La Habana verzaubert mich schon ab dem ersten Tag. Die Stadt ist so gegensätzlich wie eine Stadt nur sein kann. Einerseits sieht man die verfallenen Bauten und Häuser, die sogar zum Teil nicht mehr bewohnt werden, weil sie vom Einsturz bedroht sind, andererseits Häuser mit buntem Anstrich, aus denen man am Vorbeigehen Musik hört oder den Duft kubanischen Essens riechen kann. Nach einem gemeinsamen Abendessen mit unserer Reisegruppe fallen Melanie und ich zufrieden und voller neuer Eindrücke ins Bett.

Am nächsten Tag steht unter anderem die Altstadt „Habana Vieja" auf unserem Programm, jedoch halten wir unterwegs noch am Kapitol an, eines der beliebtesten Fotomotive Havannas. Wenn man davorsteht, könnte man meinen, man stehe vor dem Weißen Haus in Washington, blickt man jedoch um sich, weiß man, dass man in Havanna ist. Es herrscht reges Treiben rund um das „Capitolio". Unzählige Bici-Taxis (Fahrradtaxis) und Oldtimer-Taxis bieten den Touristen ihre Fahrdienste an und an der Straße vor dem Capitolio steht ein Transtur-Bus nach dem anderem. Wir fotografieren die amerikanischen Oldtimer, die in allen erdenklichen Farben an uns vorbeifahren.

Für mich ist Habana Vieja ein besonderes Highlight. Wir schlendern die Calle Obispo entlang und ich versuche mich auf Alejandro zu konzentrieren, der viel erzählt und viele Fragen beantwortet. Doch fällt es mir schwer, ihm zuzuhören, weil es so viel zu sehen gibt und ich gar nicht weiß, wohin ich zuerst sehen soll. Die Calle Obispo ist die belebteste Einkaufsmeile von Habana Vieja mit unzähligen Läden, Cafes und Restaurants. Man hört Livemusik an jeder Ecke und es fällt mir schwer, nicht auf einmal auf der Straße zu tanzen anzufangen. Wie gut, dass ich es nicht tue, denn das Tanzen liegt mir nicht im Blut und Salsa oder Merengue tanzen kann ich schon gar nicht. Ich denke, die Reisegruppe würde sehr lachen über mich. Wir besuchen die unzähligen wunderschönen Plätze in Habana Vieja.

Von Montag bis Samstag findet auf dem Plaza de Armas ein großer Büchermarkt statt, auf dem man alte Bücher und auch sicher einige Raritäten finden kann. Auf der Plaza de la Catedral besichtigen wir die Catedral de San Cristobal, in der schon Papst Johannes Paul II. und Papst Franziskus Gottesdienste abhielten. Am besten jedoch gefällt mir der Plaza Vieja.

Er ist wunderschön und umsäumt von Arkaden, einigen Cafes und historischen Gebäuden aus vier Jahrhunderten. Mir fällt ein Hund auf, der es sich im Schatten bequem gemacht hat. Er trägt ein Schild um den Hals und ich frage Alejandro, was es damit auf sich hat. Alle Hunde, die kastriert sind und ein „Zuhause" haben bekommen ein Schild um den Hals gehängt, auf dem steht wie der Hund heißt, wo er wohnt und der Hinweis, man möge ihn doch gut behandeln.

Ich würde gerne noch in der Altstadt bleiben, mich in einer der Bars niederlassen, um bei einem Mojito oder Pina Colada und Lifemusik den Rest des Tages zu genießen. Aber es steht noch der Colón-Friedhof auf unserem Programm. Obwohl Havanna noch rund zwanzig andere Friedhöfe besitzt, werden auf dem Colón-Friedhof fast achtzig Prozent der Toten bestattet. Auch Ibrahim Ferrer, ein kubanischer Musiker, der vor allem aus „Buena Vista Social Club" bekannt ist, fand hier seine letzte Ruhestätte.

Wir haben auf dem Colón-Friedhof einen wirklich überaus netten und sehr lustigen Guide, der uns herumführt und uns zu vielen Gräbern etwas erzählt, jedoch bekomme ich nicht einmal die Hälfte mit. Es hat gefühlte 45°C auf dem Friedhof und ich wieder einmal stark mit meinem Kreislauf zu kämpfen. So suche ich mit einigen anderen aus der Gruppe schattige Plätze unter den wenigen Bäumen oder neben Gräbern, die etwas Schatten spenden. Die Legende von „La Milagrosa" jedoch bleibt mir im Gedächtnis. Sie gilt heute als Beschützerin kranker Kinder und unfruchtbarer Frauen. Der Legende nach starb sie im Alter von 23 Jahren an den Folgen einer Totgeburt.

Das Ungeborene wurde zu Ihren Füßen bestattet, jedoch befand sich das Kind bei einer Sargöffnung nicht mehr zu ihren Füßen, sondern lag im Arm der Mutter. Der Witwer José Vincente besuchte das Grab täglich und kündigte sein Kommen durch das Klopfen mit dem Messingring am Grabstein an und verließ es immer nur rückwärts gehend. Dieses Ritual wird bis heute von Pilgern durchgeführt, die an das Grab kommen und um die Erfüllung ihrer Wünsche bitten.

Nach dem Besuch des Friedhofes haben wir „freie Zeit". Mayito bringt uns zurück zum Hotel Deauville und Melanie und ich beschließen, uns kurz frisch zu machen und noch einmal zu einen Bummel durch die Altstadt zu starten und dort essen zu gehen. Meine Füße sind zwar schwer und ich ziemlich k.o. nach diesem Tag, aber natürlich will ich so viel Havanna wie möglich sehen uns spüren. So lassen wir den Tag in der Altstadt ausklingen, bummeln gemütlich über die Plätze, durch die Calle Obispo und finden ein schönes Restaurant auf dem Plaza de Vieja.

Inzwischen ist es dunkel geworden und wir entschließen uns, ein Bici-Taxi zurück zum Hotel zu nehmen. Wir winken einen jungen Mann mit seinem Bici-Taxi zu uns und erklären ihm, dass wir ins Hotel Deauville am Malecón wollen. Er nickt freundlich und wir steigen ein. Als er losstrampelt tut er mir schon etwas leid. „Meinst Du, wir sind zu schwer?" frage ich Melanie. Sie lacht und meint „Nein, ich denke, da ist er Schlimmeres gewohnt". Dennoch habe ich ein schlechtes Gewissen, denn der Arme schwitzt und muss sich ganz schön abmühen.

Als die Straßen immer dunkler und beängstigender werden, bekomme ich plötzlich Angst. Mein Magen zieht sich zusammen und ich beginne zu schwitzen. Wo fährt er nur mit uns hin? Das ist doch gar nicht der richtige Weg! Die Straßen haben keine Beleuchtung mehr und es sind einige Kubaner auf der Straße, die mir in dieser Situation Angst machen. Heute weiß ich auch, dass es Blödsinn ist, Angst zu haben, aber damals habe ich mir schon bildlich vorgestellt, wie der Bici-Taxi-Fahrer uns in einen dunklen Hinterhof fährt und wir von einer Gruppe Kubaner überfallen und ausgeraubt werden. Naja, ich war damals das erste Mal auf Kuba, kannte das Land und die Leute nicht. Wie sich herausstellt, fährt uns der junge Kubaner über eine Abkürzung zu unserem Hotel. Die Fahrt kostet fünf CUC und wir geben ihm noch Trinkgeld. Wir sind überrascht, als er uns lächelnd umarmt und sich bedankt. Erleichtert und zufrieden gehen wir auf unser Zimmer und genießen die nun wohlverdiente kalte Dusche.

Las Terrazas

In dieser Nacht schlafe ich wieder wie ein Baby und nach dem Frühstück heißt es „Adios La Habana" und wir brechen auf nach Las Terrazas, ein von Havanna etwa 75 km entferntes Dorf, das mittlerweile als Künstlerkolonie und Wanderparadies bekannt ist. Viele Künstler wie Musiker, Maler oder Töpfer haben sich hier niedergelassen. Auf der Fahrt sowie auch schon vorher in Havanna fällt auf, dass Fidel Castro und der Sozialismus allgegenwärtig sind. An jeder Ecke sind riesige Tafeln zu sehen mit Fidel Castro oder mit Sprüchen wie „Socialismo o muerte!" (Sozialismus oder Tod!) oder „Patria o muerte!" (Vaterland oder Tod!).

In unserer Reisebeschreibung steht, dass wir eine „leichte" Wanderung vor uns haben und ich bin gespannt. Wenn ich heute noch daran denke, dann könnte ich immer noch fluchen. Wer mich kennt, der weiß, dass ich gerne wandern gehe, solang der Weg ebenerdig ist. Sobald es bergauf geht, verliere ich jeglichen Spaß. Die Wanderung in Las Terrazas ist die Hölle, denn es geht ausschließlich bergauf und ich kann mich weder auf Fauna noch auf Flora konzentrieren. Ich bin froh, als wir oben ankommen. Der Sinn dieser Wanderung erschließt sich mir bis heute nicht, denn wir gehen den gleichen Weg wieder zurück, gottseidank aber diesmal bergab.

Wir besuchen dann noch einen Künstler, der handgeschöpftes Papier und Holzkolibris verkauft, bevor wir alle zusammen in eine Cafeteria gehen und erst einmal bei einem kubanischen Kaffee etwas entspannen können. Alejandro hat mit Mayito einen Treffpunkt vereinbart, an dem er uns dann abholen soll. Leider warten wir dort über zwei Stunden. Mayito kommt nicht und Alejandro kann ihn nicht erreichen. Wir machen uns langsam Gedanken. Hoffentlich ist ihm nichts passiert. Einige aus der Gruppe werden langsam ungeduldig und beschimpfen Alejandro, der immer und immer wieder versucht, Mayito telefonisch zu erreichen. Endlich, nach mehr als zwei Stunden sehen wir unseren Bus Nr. 3625 und beim Einsteigen sehe ich Mayito an, dass ihm die Sache unangenehm ist. Sarah kann Spanisch, da sie auf Fuertaventura lebt und erfährt von Mayito, dass er eine Panne hatte und etwas am Bus reparieren musste.

Piñar del Rio und Viñales

Wir machen uns auf den Weg nach Piñar del Rio. Das Hotel, in dem wir die nächste Nacht verbringen werden heißt ebenso wie der Ort „Piñar del Rio". Es dauert eine ganze Weile bis wir unser Zimmer haben, aber ich habe mich schnell daran gewöhnt, dass in Kuba alles immer etwas länger dauert, dass man Geduld mitbringen muss und es an der Tagesordnung ist, auf etwas zu warten.

Am nächsten Morgen nach dem Frühstück treffen wir uns alle ausgeruht und ausgerüstet mit Rucksack und Wanderschuhen in der Hotelhalle. Alle haben auch ihre gepackten Koffer mit dabei, denn die nächste Nacht sollen wir in einer anderen Unterkunft verbringen. Wir machen uns auf den Weg in das etwa 50 km entfernte Viñales-Tal. Ich bin etwas besorgt, wie die bevorstehende Wanderung wohl werden wird und ich hoffe, dass es nicht wieder nur bergauf geht. Das Viñales-Tal wurde von der UNESCO als „Kulturlandschaft der Menschheit" ausgezeichnet und gilt als eine der schönsten Landschaften und größter Touristenanziehungspunkt Kubas. Als wir ankommen, fallen mir sofort die bunten Häuser auf, die fast alle auf ihrer Veranda zwei Schaukelstühle stehen haben und auf vielen dieser Schaukelstühle sitzt der ein oder andere Casa-Besitzer und beobachtet das Treiben, die Touristen und das Geschehen um sich herum. Trotz der vielen Touristen, die sich im Ort tummeln, strahlt er Gemütlichkeit aus.

Als Alejandro unseren Wanderführer durch das Tal organisiert hat, geht es los. Es ist sehr heiß und ich mache mir etwas Sorgen um meinen Kreislauf aber ich denke mir „Solange es nicht bergauf geht, ist alles gut.". An vielen Casas Particulares vorbei führt unser Weg immer weiter in das Viñales-Tal und ich bin überwältigt von dieser atemberaubenden Schönheit. Die intensiven Farben der rostroten Erde, der satten grünen Tabakfelder und des blauen Himmels sind unglaublich schön. Ich komme mir vor wie mitten in einem Postkartenmotiv, bei dem die Farben nachbearbeitet worden sind, damit sie so intensiv aussehen. Aber es ist alles real und vor lauter Begeisterung merke ich die Hitze kaum mehr. An einigen Stellen haben wir einen wunderschönen Blick auf das Tal. Man erkennt viele Tabakfarmen, in denen der Tabak getrocknet wird, bevor er weiterverarbeitet werden kann. Im Hintergrund umrahmen die Mogotes-Berge das Postkartenmotiv.

Es ist anstrengend in der Hitze zu wandern, aber diese wunderschöne Landschaft und die intensiven Farben werde ich mein ganzes Leben nicht mehr vergessen. Unser Tourguide erklärt uns viel über den Anbau von Tabak, Yukka und Süßkartoffeln in dieser Gegend und auf einer Tabakfarm haben wir die Gelegenheit bei der Zigarrenproduktion zuzusehen und natürlich auch eine Zigarre zu probieren. Ein paar Züge mehr davon und mir wäre schlecht geworden aber das gehört nunmal dazu. Die atemberaubende Landschaft hat es mir angetan und mir fällt es schwer den Rückweg zu unserem nächsten Hotel anzutreten. Als Alejandro uns zerknirscht mitteilt, dass das Hotel, in dem wir die nächste Nacht hätten schlafen sollen, ausgebucht ist, muss ich schmunzeln. Dies ist wieder einmal ein Grund die Hälfte der Gruppe in den Wahnsinn zu treiben. Es wird wieder fleißig gemeckert und viele beschweren sich, wie das denn sein kann, wo wir doch so viel Geld bezahlt haben. Überbuchungen oder Planänderungen gehören in Kuba nun mal dazu und ich denke mir nur „Naja im Bus werden wir schon nicht schlafen müssen". Nach einigen Telefonaten mit dem Reiseveranstalter auf Kuba offenbart uns Alejandro, dass wir wieder in demselben Hotel einchecken müssen, aus dem wir am Morgen ausgecheckt sind. Melanie und ich haben Glück, denn wir bekommen ein schöneres Zimmer als eine Nacht vorher.

Nach dem Abendessen beschließen wir, noch einen Piña Colada an der Bar zu trinken. Dort stellen wir fest, dass die Idee auch einige andere aus unserer Truppe hatten und wir gesellen uns zu ihnen.

Seit einigen Jahren betreibe ich neben meiner Arbeit in der Patentanwaltskanzlei noch eine Katzenbetreuung. Neben meiner Teilselbständigkeit als Katzenbetreuerin habe ich auch eine Ausbildung zur Katzenverhaltensberaterin gemacht und mir macht es viel Spaß mit Katzen zu arbeiten und natürlich habe ich auch selbst zwei Samtpfoten zu Hause. Umso schockierter bin ich, als ich genüsslich an meinem Piña Colada nuckelnd eine Babykatze auf dem Vordach der Bar entdecke, die jämmerlich miaut. Die kleine Maus kann weder hinunter noch zurück nach oben von wo sie augenscheinlich heruntergefallen war. Ich kann einfach nicht anders, als mir einen Barhocker zu schnappen und auf das wackelige Ding zu klettern, um die Babykatze aus ihrer misslichen Lage zu befreien. Von den Barkeepern ernte ich nur skeptische Blicke aber das ist mir egal. Ich hebe sie vom Vordach herunter und Melanie und ich bringen sie ein Stockwerk höher, wo wir schon vorher einige ältere Katzen gesehen haben. Hier muss sicherlich irgendwo die Mama warten. Welche der Katzen dort die Mama ist, können wir nicht feststellen aber zumindest ist die Kleine dort besser aufgehoben als auf dem Vordach.

Zapata Halbinsel - Schweinebucht

Nachdem wir am nächsten Morgen die Katzen noch mit Wurst vom Frühstücksbuffet versorgt haben, checken wir ein zweites Mal aus und verlassen Piñar del Rio in Richtung Zapata Halbinsel. Der dortige Nationalpark Montemar ist das größte Sumpfgebiet der ganzen Karibik und wurde von der UNESCO als Biosphärenreservat ausgezeichnet. Auf dem Programm steht heute unter anderem eine Bootsfahrt auf dem Rio Hatiguanico. Ich liebe Boot fahren und bin mir sicher, dass mir diese Fahrt über den Fluss und durch einen Mangrovenwald gefallen wird. Und in der Tat bin ich wieder begeistert von diesem einmaligen Erlebnis. Wir sehen Wasserschildkröten, die sich auf einem Baumstumpf sonnen und verschiedenste Arten von Vögeln. Sogar ein riesiges Termitenhaus bekommen wir zu sehen. An einigen Stellen fahren wir so tief in dieses Sumpfgebiet und den Mangrovenwald, dass man das Gefühl hat mitten im Dschungel zu sein. Es ist ein unbeschreibliches Erlebnis.

Anschließend geht unsere Fahrt weiter zu einem rekonstruierten Taino-Dorf. Die Taino waren eine indigene, zu den Arawak gehörende Gruppe, die jedoch mittlerweile lange ausgestorben sind und als Ureinwohner Kubas gelten. Wir fahren wieder mit dem Boot und es tut gut bei der Hitze den Fahrtwind zu spüren, der den Schweiß auf der Haut trocknet. In dem Taino-Dorf bewundern wir die Häuser der Ureinwohner und können uns ein Bild machen, wie wohl das Leben dort früher stattgefunden hat. Ich finde, es ist wirklich schön gemacht und doch kommt mir alles so unrealistisch vor und ich habe das Gefühl, dass dieses Dorf nur dazu dient, Geld mit Touristen zu machen. Aber da sind die Geschmäcker wahrscheinlich wirklich sehr unterschiedlich. Als die Wolken immer dunkler werden und wir Angst haben, in ein Gewitter mit ordentlich Regen zu kommen, beschließen wir, die Rückfahrt mit dem Boot anzutreten.

Nicht weit entfernt besuchen wir ebenfalls auf der Zapata-Halbinsel eine Krokodilfarm. Das Gelände dort ist recht weitläufig und die meisten Krokodile haben viel Platz. Man kann mit einem Babykrokodil Fotos machen lassen und bei der Fütterung der großen Krokodile zusehen. Alles kostet selbstverständlich extra und das Babykrokodil kann einem einfach nur leid tun. Von artgerechter Haltung kann man hier kaum sprechen, da das Babykrokodil nur hin- und hergereicht wird und sein Maul mit einer Schnur zusammengebunden ist, damit den Touristen nichts passieren kann.

24

An der berühmten Schweinebucht „Playa Girón",
befindet sich unser Hotel „Playa Larga", in dem wir
die nächste Nacht verbringen. Es ist eine sehr große
Anlage, die ihre besten Zeiten schon sehr lange hinter
sich hat. Der Bungalow von Melanie und mir befindet
sich in der letzten Reihe, so dass wir später zum Ho-
telrestaurant ein ganzes Stück gehen müssen. Als wir
den Bungalow betreten, stellen wir fest, dass wir einige tierische Mitbewohner haben. Ein Frosch wohnt im
Badezimmer, was ich nicht als wahnsinnig schlimm
empfinde, solange er mir nicht direkt beim Duschen
ins Gesicht hüpft. Jedoch ist das Zimmer voll Moskitos und einige Kakerlakenleichen liegen herum. Wie
viele Kakerlaken sich unter den Betten befinden, will
ich gar nicht wissen. Wir sind uns jedoch sicher, dass
es notwendig ist, uns vor dem Schlafengehen komplett
mit Insektenspray einzusprühen. Die Klimaanlage
funktioniert nicht und wir rufen jemanden vom Hotel,
denn ohne zwischendurch die Klimaanlage laufen zu
lassen, hält man es in dem Zimmer kaum aus. Nur mit
Hilfe eines Bleistiftes ist es dann möglich, die Klimaanlage an- und auszuschalten.

Inzwischen wird es draußen immer dunkler, die Wolken immer bedrohlicher und es fängt an zu blitzen und
zu donnern. Wir duschen uns und machen uns dann
mit Taschenlampe schnellen Schrittes auf den Weg
zum Abendessen. Im Speisesaal des Hotels begrüßen
wir einige aus unserer Gruppe, die schon da sind und
setzen uns zu ihnen. Als wir die Tischdecke sehen,
sind wir schockiert und angeekelt. Sie ist übersät von
Flecken in sämtlichen Brauntönen und sieht so aus,
als wäre sie schon mindestens zwei Monate nicht

mehr gewechselt worden. Das Abendessen ist in Ordnung, ich hoffe nur insgeheim, nicht so bald in den Bungalow gehen zu müssen, da ich weiß, dass ich mit den Moskitos, die sicherlich die ganze Nacht um meine Ohren surren, nicht schlafen kann. Nach dem Essen setzen wir uns auf die Terrasse. Dort werden plötzlich Boxen, Mikrophone und Musikequipment aufgebaut, da wohl noch eine Musik- und Tanzdarbietung stattfinden soll.

Als die Musik beginnt und die Tänzer loslegen, können wir unser eigenes Wort nicht mehr verstehen. Die Lautstärke ist so unangenehm, dass wir beschließen, uns einfach die Plastikstühle zu schnappen und alle an den Strand zu gehen. Melanie verabschiedet sich. Sie will im Bungalow noch etwas lesen.

Wir anderen schnappen uns die Stühle und verschwinden an den Strand. Es hat jemand Rum, Cola und Gläser besorgt und so sitzen wir in netter Runde, trinken Cuba Libre und unterhalten uns. Die Stimmung gefällt mir; Cuba Libre, das Wellenrauschen im Hintergrund und tausende von Sternen am nun mittlerweile wieder klaren Nachthimmel. Sogar eine wunderschöne Sternschnuppe bekommen wir zu sehen. Schnell schließe ich die Augen und wünsche mir etwas.

Etwas angetrunken machen wir uns alle auf den Weg zu unseren Bungalows und ich hoffe, dass Melanie mein Klopfen hört, denn ich habe keinen Schlüssel. Gottseidank hört sie mich. Ich kann in dieser Nacht nur einige Stunden schlafen. Das Bettlaken habe ich bis zur Nasenspitze hochgezogen, um Moskitostiche möglichst zu vermeiden. Ich bin froh, dass wir nur eine Nacht hier verbringen müssen.

Auch am nächsten Morgen, als wir im Speisesaal ankommen, um zu frühstücken frage ich mich, wie man hier mehrere Tage seinen Urlaub verbringen kann. Es gibt Kaffee, Tee, Toast und Butter. Mehr ist auf dem „Frühstücksbuffet" nicht zu finden. Als ich dann bemerke, dass man sich noch ein Omelett bestellen kann, bin ich beruhigt. Die Tischdecken haben noch einige Flecken mehr als am Vorabend, doch möchte ich dennoch den kurzen Aufenthalt am Playa Larga nicht missen, da der Abend vorher am Strand sehr schön war.

Cienfuegos

Nachdem Mayito wieder alle Koffer in unseren Bus eingeladen hat, machen wir uns auf den Weg in das etwa 120 km entfernte wunderschöne Städtchen Cienfuegos.

Cienfuegos ist die sechstgrößte Stadt Kubas und wird auch die Perle des Südens genannt. Wir besuchen den Palacio de Valle, eine historische Prunkvilla, in der heute ein gehobener Hotel- und Restaurantbetrieb geführt wird. Cienfuegos hat eine sehr schöne Altstadt mit pastellfarben gestrichenen Häusern. Wir schlendern die Avenida 54 entlang bis wir zum Plaza Mayor kommen. Dieser Platz bildet das Zentrum der Stadt mit vielen sehenswerten Gebäuden, wie das Theater, die Kathedrale und das Rathaus. Leider ist laut unserem Reiseplan nicht viel Zeit in Cienfuegos vorgesehen, so dass Melanie und ich beschließen noch etwas durch die Souvenirstände zu bummeln, bevor wir uns mit Kerstin und Christina zum Essen verabredet haben. Wie gerne würde ich eine Nacht in Cienfuegos verbringen. Aber leider geht unseres Reise nach dem Mittagessen weiter in Richtung Trinidad.

Trinidad

Ich bin aufgeregt, als wir uns Trinidad nähern, denn die kommenden zwei Nächte werden wir in einem Casa Particular bei einer kubanischen Familie verbringen. Der Gedanke gefällt mir, denn ich bin sehr interessiert, ein bisschen in das kubanische Leben hineinzuschnuppern. Wie leben die Kubaner? Wie sind ihre Häuser eingerichtet? Als wir uns dem Zentrum Trinidads nähern, fällt auf, dass überall nur noch Kopfsteinpflaster ist, was dieser Stadt ein ganz besonderes Flair verleiht. Wir steigen im Zentrum aus und schlendern mit Alejandro über den Plaza Mayor, ein wunderschöner Platz im Herzen der Stadt, auf dem sich zwischen den mit Palmen bepflanzten und mit weißen Zäunen umgebenen Gärten des Platzes unzählige Touristengruppen tummeln. Es fahren so gut wie keine Autos hier, dafür unzählige kleine Pferdekutschen. Die Häuser mit ihren Gittern vor den Fenstern und Türen erinnern an die Kolonialzeit. Der Plaza Mayor ist der Mittelpunkt der Stadt und ist umgeben von zahlreichen unterschiedlichen Museen. Am oberen Ende der Plaza Mayor befindet sich die Iglesia Santisima Trinidad, in der es eine ganz besondere Christusfigur gibt. Ursprünglich war diese Figur für Veracruz in Mexiko gedacht. Dreimal soll ein Schiff mit dem Christus an Bord den Hafen von Casilda verlassen haben und jedes Mal kehrte es aufgrund von Stürmen zurück. Die Kubaner sahen dies als Zeichen und versuchten es nicht noch ein viertes Mal. Heute ist der Christus von Veracruz die Attraktion der Iglesia.

Als wir vor der Casa de la Trova stehen, erklärt uns Alejandro den weiteren Ablauf. Heute Abend treffen wir uns alle am Plaza Mayor und gehen dann zusammen ins Casa de la Trova, ein Treffpunkt, auch für Einheimische, um zu tanzen und zu trinken. Für morgen haben wir kein Programm und haben so den ganzen Tag zur freien Verfügung. Als einige aus unserer Gruppe das hören, ist das Gemeckere wieder groß. „Wir haben bezahlt dafür, dass wir Programm haben und nicht dass wir einen ganzen Tag zur freien Verfügung haben!". Mir geht das Gemeckere schön langsam auf die Nerven. So schlecht finde ich es nicht, mal einen Tag zu haben, an dem man machen kann was man will. Es gibt hier sicherlich genug zu sehen und zu tun und genügend Cafes und Restaurants, um zwischendurch einfach mal bei einem kühlen Getränk die Seele baumeln zu lassen.

Wir steigen in den Bus und fahren ein Stück heraus aus dem Stadtzentrum. Wir werden nun in unsere Casas verteilt. Melanie und ich müssen am längsten warten. Inzwischen beginnt es zu regnen und wir sind froh, als Alejandro uns bittet mit ihm zu kommen. Wir betreten das Casa Santa Ana und lernen unsere Gastgeberin Irma kennen. Sie begrüßt uns mit frisch gepresstem Mangosaft und macht einen sehr netten Eindruck. Nachdem Mayito unsere Koffer gebracht hat

und wir den leckeren Mangosaft getrunken haben,
folgen wir Irma zu unserem Zimmer. Es liegt im Bereich des Innenhofes und wir folgen Irma über eine
Treppe, die zu einer kleinen Terrasse führt. Wir tun
uns etwas schwer, unser Gepäck die Treppe hinaufzubekommen aber als wir oben ankommen, fallen mir
sofort die zwei Schaukelstühle auf, die vor dem Eingangsbereich unseres Zimmers stehen. Wie gemütlich! Auch das Zimmer gefällt mir gut. Wir haben
einen Kühlschrank und zwei große Betten. Irma fragt
uns, ob wir heute Abend von ihr bekocht werden wollen und wir bestellen einmal Fisch und einmal Huhn
für 19 Uhr, da wir uns um 21 Uhr mit der Gruppe zum
Tanzen treffen.

Nachdem wir geduscht haben, setzen wir uns mit großem Hunger an den Tisch im Innenhof und die kleine
Tochter von Irma füllt den Tisch in kürzester Zeit mit
Platanitos fritos (frittierte Kochbananen), gemischtem
Salat, Potaje (Eintopf aus schwarzen Bohnen), Reis,
Hühnchen und Fisch. Es schmeckt hervorragend und
so machen wir uns nach dem Essen satt und zufrieden
auf den Weg zum Stadtzentrum. Mit meinen Sandalen, die einen kleinen Absatz haben, ist es etwas beschwerlich, auf dem Kopfsteinpflaster voranzukommen, ohne umzuknicken, deswegen brauchen wir
ziemlich lange bis wir vor der Casa de la Trova stehen.

Den Besuch dort habe ich mir etwas anders vorgestellt. Es ist voll mit Touristen aus sämtlichen Ländern
und es herrscht ein ziemliches Chaos. Ich bestelle mir
eine Piña Colada und beobachte das Treiben. Die Musik gefällt mir. Es spielt eine Life-Band und es dauert

nicht lange, bis Alejandro von einer blonden Touristin zum Tanz aufgefordert wird. Auch Mayito ist da und ich bin begeistert, wie toll er Salsa tanzen kann. Aber das wird den Kubanern wahrscheinlich schon in die Wiege gelegt. Nach einer weiteren Piña Colada zahlen wir und machen uns auf den Weg in unsere Casa.

Da wir am nächsten Tag kein Programm haben, beginnen wir den Tag gemütlich um 8 Uhr mit einem leckeren Frühstück, schreiben Postkarten und machen uns dann auf den Weg ins Zentrum. Wir bummeln durch Trinidad, geben unsere Postkarten bei einer Post ab und setzen uns abends auf die so genannten spanischen Treppen, die ein viel besuchter Treffpunkt sind. Bei einem gekühlten Cocktail aus dem Plastikbecher, den man direkt von der Treppe aus bestellt für zwei CUC kann man bei kubanischer Musik das Treiben beobachten. Trinidad ist wirklich eine Stadt mit einem einzigartigen Charme.

Da Melanie noch einige Süßigkeiten und Schokoriegel aus Deutschland in ihrem Koffer hat, packen wir einige in eine kleine Plastiktüte und geben sie am nächsten Morgen vor unserer Abreise Irma für ihre Tochter. Wir machen noch ein paar Fotos mit Irma vor der Casa und verabschieden uns. Mayito steht schon mit dem Bus vor unserer Tür und lädt unsere Koffer ein. Etwas Sorgen machen wir uns um Carina, die seit letzter Nacht Fieber hat. Sie fühlt sich sehr schlecht und macht auch gleich die Augen zu und versucht zu schlafen, als sie im Bus sitzt.

Topes de Collantes

Nach einem Zwischenstop in Manaca Iznaga im Valle de los Ingenios fahren wir nach Topes de Collantes mit achthundert Meter Höhe die zweithöchste Bergkette Kubas nach der Sierra Maestra. Wir checken ein im Hotel „Villa Caburni", ein Hotel, das wie ein kleines Dorf aussieht mit seinen unzähligen bunt gestrichenen Bungalows. Die Mehrheit der Gruppe hat beschlossen, sich noch zu einer Wanderung aufzumachen. Ich will nur noch duschen und vielleicht ein bisschen lesen. Nachdem die Gruppe sich auf den Weg gemacht hat, stelle ich jedoch fest, dass es kein Wasser gibt. Da die Bettlaken fleckig und blutverschmiert sind, ziehe ich sie ab und mache mich auf den Weg zur Rezeption, um frisches Bettzeug zu holen und auch gleich nach dem Wasser zu fragen. Ich bekomme neue Bettlaken und mir wird gesagt, dass es noch ein paar Stunden dauern kann, bis es wieder Wasser gibt. Die Zisternen sind leer und müssen erst wieder befüllt werden. So lege ich mich ungeduscht aufs frisch bezogene Bett und lese ein bisschen, bis mir vor Müdigkeit die Augen zufallen. Als ich wieder aufwache, stelle ich fest, dass es tatsächlich wieder Wasser gibt. Melanie ist inzwischen von der Wanderung zurück. Es muss toll gewesen sein und sie haben sogar einen Wasserfall gesehen. Während Melanie duscht, schalte ich den Fernseher ein und bin erstaunt, dass amerikanische Sender empfangen werden können. Ich suche, bis ich den Sender CNN finde und bin schockiert was ich da zu sehen bekomme. Es dauert einige Minuten, bis ich begreife, was geschehen ist. In

Paris hat es mehrere Terroranschläge gegeben. Bei einem Rockkonzert im Bataclan-Theater sowie in verschiedenen Bars, Cafés und Restaurants wurden insgesamt 130 Menschen getötet und mehr als 350 Menschen verletzt. Ich bin schockiert und rufe sofort nach Melanie. Wie erstarrt sitzen wir vor dem Fernseher und können es kaum fassen, was wir da sehen. Mein Magen krampft sich zusammen und mir wird übel. Obwohl meine Eltern in Deutschland sind, schreibe ich eine sms und frage nach, ob alles in Ordnung ist. Erst als meine Mama schreibt, dass alles ok ist, machen wir uns auf den Weg zum Abendessen.

Nach dem Essen setzen wir uns noch in die Nähe der Bar und trinken etwas. Auch Alejandro und Mayito gesellen sich zu uns. Mayito setzt sich genau gegenüber von mir auf einen bequemen Sessel und lächelt mich an. Ich lächle zurück und irgendwie wird mir in dem Moment ganz warm und ich habe das Gefühl, dass ich einen roten Kopf bekomme. Er fragt mich „Hablas Espagnol o Francés?". Ich schüttle den Kopf und antworte „No, I only speak German and English, sorry". Wie gerne würde ich mich mit Mayito unterhalten, aber die einzigen Wörter, die ich auf Spanisch kann sind „Buenos dias", „Gracias" und „Buenas noches".

Als eine Angestellte des Hotels kommt und uns mitteilt, dass die Bar jetzt dann geschlossen wird, beschließen wir noch eine Flasche Rum und Cola zu kaufen und zu Sarah ins Bungalow zu gehen. Sarah sagt auch Alejandro und Mayito Bescheid und ich freue mich, als die beiden sagen, dass sie gerne mitkommen.

Wir machen es uns bei Sarah gemütlich und da wir auch dort den amerikanischen Nachrichtensender empfangen können, sehen wir die schrecklichen Bilder von Paris. Wie viel Angst müssen die Menschen dort gehabt haben? Wir reden eine Weile darüber und auch alle anderen aus der Gruppe, die da sind, sind schockiert über diese Bilder und Nachrichten. Nach einigen Gläsern Cuba Libre wird die Stimmung jedoch besser und wir schalten in einen Musikkanal um. Immer wieder fixiert mich Mayito und schaut mir lächelnd tief in die Augen. Ich bin ziemlich nervös und freue mich, als jemand vorschlägt, dass Alejandro und Mayito uns das Salsatanzen beibringen sollen. Wir stellen uns in eine Reihe und Alejandro beginnt, uns die Grundschritte zu zeigen. Ich bin erstaunt, wie der sonst so ruhige Mayito plötzlich auftaut und bin wieder begeistert wie er tanzen kann. Als er mich zum tanzen auffordert und ich seine Hände auf meiner Schulter und in meiner Hand spüre, könnte ich platzen vor Anspannung und Aufregung. Was ist nur los mit mir? Erst um 3 Uhr nachts verabschieden wir uns voneinander und gehen in unsere Bungalows.

Am nächsten Morgen nach dem Frühstück machen wir uns alle fertig für die nächste Wanderung. Als ich erfahre, dass Mayito mit uns wandern wird, freue ich mich wie ein kleines Kind. Wir wandern durch den Parque Codina, ein Regenwald voller exotischer Pflanzen. Die Guia erzählt viel über Fauna und Flora und wir haben die Gelegenheit den Tocororo, den Nationalvogel Kubas zu beobachten, dessen Gefieder in den Farben Rot, Blau und Weiß den Farben der Flagge Kubas entspricht. Immer wieder suche ich den

Blickkontakt zu Mayito und auch er sucht immer wieder meine Nähe. Ich bin begeistert von der abwechslungsreichen Wanderung, die uns auch durch eine Höhle führt, in der unzählige Fledermäuse zu sehen sind.

Als wir uns abends nach dem Abendessen in einem Paladar in der Nähe wieder in Sarahs Bungalow treffen, warten wir jedoch vergebens auf Alejandro und Mayito. Ich bin enttäuscht und am liebsten würde ich bei den beiden klopfen, um sie zu fragen, ob sie nicht doch noch vorbeikommen wollen.

Am nächsten Morgen erfahre ich, dass es Carina immer noch nicht so gut geht und dass sie überlegt, die nächste Wanderung nicht mitzumachen und in der Bungalowanlage zu bleiben. Da ich auch lieber in Mayitos Nähe bleiben würde, informiere ich Alejandro, dass Carina und ich hier bleiben und bei Mayito im Bungalow warten, bis die Gruppe am Endpunkt der Wanderung abgeholt wird, um dann weiter nach Villa Clara zu fahren. Natürlich muss ich mir, als einige aus der Gruppe das mitbekommen wieder anhören, dass ich doch mitwandern soll, denn schließlich habe ich die Wanderung ja bezahlt und so schwer wird sie schon nicht werden. Natürlich will ich nicht zugeben, dass ich in Mayitos Nähe sein will und bin erleichtert, als die Gruppe dann aufbricht und Carina und ich zusammen mit Mayito in seinen Bungalow gehen.

Zuvor habe ich mir das Wörterbuch „Spanisch – Deutsch – Deutsch – Spanisch" von Alejandro ausgeliehen, da ich etwas mehr von Mayito erfahren will.

Und so sitzen wir dann zu Dritt zusammen, blättern im Wörterbuch und löchern Mayito mit Fragen zu seiner Familie und seinem Leben. Es ist nicht ganz leicht miteinander zu kommunizieren, ohne dieselbe Sprache zu sprechen aber mit dem Wörterbuch und einem Stift und Block, klappt es dann doch ganz gut. Komischerweise bin ich sehr erleichtert, als er erzählt, dass er nicht verheiratet ist und keine Freundin hat. Jedoch hat er bereits zwei erwachsene Töchter und einen kleinen Sohn. Seit über achtzehn Jahren arbeitet er als Busfahrer und er liebt seine Arbeit. Wer in Kuba im Tourismus arbeitet hat Glück, da der Verdienst wesentlich höher ist als bei einem normalen Angestellten einer Fabrik oder einem Handwerker, ja sogar Lehrer und Ärzte verdienen weniger. Gerade das Trinkgeld spielt eine große Rolle und natürlich genießt Mayito die Übernachtungen und Verpflegung in den Hotels bei einer Rundreise. Bevor er als Busfahrer begann, arbeitete er als Elektriker für Schiffe, jedoch ist die Arbeit im Tourismus wesentlich lukrativer und abwechslungsreicher. Er wurde im Osten Kubas in Santiago de Cuba geboren und ist zur Militärzeit nach Havanna gekommen, wo er auch noch heute wohnt. Er fragt mich, ob ich verheiratet bin oder einen Freund habe und ich verneine dies lächelnd.

Mittags machen wir uns dann auf den Weg, die Gruppe an einem vereinbarten Ort abzuholen und wieder muss ich mir anhören, wie toll die Wanderung war und auch gar nicht so schwer und dass ich etwas verpasst hätte. Ich denke mir nur „Wenn Ihr wüsstet, was für einen schönen Vormittag ich hatte". Aber das behalte ich natürlich für mich. Ich schweige und genieße auch weiterhin jeden Blickkontakt mit Mayito.

Villa Clara und kubanische Küsse

Auf der Weiterfahrt nach Villa Clara schlage ich Melanie vor, doch auch einmal ganz vorne im Bus zu sitzen. Dass ich so nah wie möglich vorne bei unserem Busfahrer sitzen will, sage ich natürlich nicht. Und so genieße ich die Weiterfahrt nach Villa Clara, bei der Mayito und ich immer wieder Blickkontakt durch den Rückspiegel haben. Auf der Fahrt beginnt es zu regnen und als wir in Villa Clara beim Mausoleum ankommen, regnet es in Strömen. Schnell stellen wir uns an und besichtigen dann das Museum und Mausoleum, wo persönliche Gegenstände aus Che Guevaras Leben, wie seine Uniform, sein Telefon, seine Mütze und viele andere Erinnerungsstücke ausgestellt sind und auch viele Fotos und Schriftstücke. Seine sterblichen Überreste sind im Mausoleum aufbewahrt. Nach der Besichtigung des Museums merken wir mit Erleichterung, dass es zu regnen aufgehört hat. So können wir in Ruhe das Denkmal, eine sechs Meter hohe Bronzestatue Che Guevaras in voller Kampfmontur besichtigen. Daneben befindet sich ein Relief mit eingravierten Zitaten seines Abschiedsbriefes, den er vor seinem Aufbruch nach Bolivien schrieb.

Drei Kilometer von der Stadt Villa Clara befindet sich unser Hotal „La Granjita", in dem wir die nächste Nacht verbringen. Es ist eine wunderschöne Bungalowanlage mit vielen Palmen und zweistöckigen, sechseckigen Bungalows. Nach dem Abendessen treffen wir uns am Pool, da eine Tanzdarbietung stattfinden soll. Wir bestellen uns Cocktails und mein Herz schlägt schneller, als ich Mayito sehe und er sich direkt neben mich setzt und mich anlächelt. Ich genieße seine Nähe und bin umso aufgeregter als er mich fragt bzw. mir mit Handzeichen zu verstehen gibt, dass er gerne ein paar Schritte mit mir gehen würde. Wir warten, bis alle aus unserer Gruppe, außer Sarah, ins Bett gegangen sind. Ich erzähle es Sarah, dass ich noch ein bisschen alleine sein möchte mit Mayito und sie wünscht uns viel Spaß. Meine Aufregung steigt ins Unermessliche, als Mayito und ich uns auf den Weg zum Bus machen. Wir steigen ein, er schließt die Tür und es liegt etwas in der Luft, das ich kaum beschreiben kann. Als er dann auf mich zukommt und mich küsst, vergesse ich alles um mich herum und genieße den Augenblick. Ich genieße die Zweisamkeit mit ihm und in dem Moment ist es nicht mehr wichtig, ob wir dieselbe Sprache sprechen oder nicht. Als er sein T-Shirt auszieht und ich seine weiche Haut spüre, wünsche ich mir, dass die Zeit für immer stehen bleibt. Erst um drei Uhr begleitet er mich bis vor den Bungalow und wir verabschieden uns leidenschaftlich.

Am nächsten Morgen sitze ich grinsend beim Frühstück und wieder setzt sich Mayito neben mich und lächelt mich an. Ich finde die Situation sehr aufregend, da wir beide nun ein kleines Geheimnis haben. Allerdings bin ich etwas traurig, da ich weiß, dass in zwei Tagen meine Kubareise zu Ende geht und wir zurück nach Deutschland fliegen müssen. Die Verabschiedung von Alejandro und Mayito steht schon heute an, da nach der Ankunft in Jibacoa in unserem Strandhotel die Arbeit von den beiden beendet sein wird.

Auf der Fahrt dorthin machen wir jedoch noch einen Zwischenstop beim Monumento al Tren Blindado, dem gepanzerten Zug, einem nationalen Denkmal der kubanischen Revolution. Ich besichtige ihn nur kurz und nutze die Gelegenheit, dass alle aus der Gruppe beschäftigt sind. Ich steige zu Mayito in den Bus und wir küssen uns. Er gibt mir einen Zettel, auf dem Alejandro geschrieben hat, dass Mayito gerne ein Reparaturbuch für den VW Passat hätte mit der Adresse von Mayito. Ich nicke und verspreche ihm, das Buch zu suchen und es ihm zu schicken.

Jibacoa

Als wir an unserem letzten Hotel unserer Rundreise, dem Hotel „Villa Tropico" in Jibacoa ankommen, bin ich traurig und muss meine Tränen zurückhalten, als wir beginnen, uns von Alejandro und Mayito zu verabschieden. Wir stehen an der Rezeption, um einzuchecken und ich kann nicht anders, als noch einmal umzudrehen, zu Mayito in den Bus zu steigen und ihn zu küssen. Er sagt etwas zu mir „Mañana, mañana....", ich kann aber leider nicht verstehen was er meint und rufe Sarah, die mir dann sagt, dass Mayito morgen noch einmal vorbeikommen und mich zu einem kleinen Ausflug abholen will. Er sagt, dass er noch nicht genau weiß wann, aber er würde an der Rezeption anrufen und mir eine Nachricht hinterlassen. Ich bin erleichtert, dass wir uns doch noch nicht endgültig verabschieden müssen und bin plötzlich in bester Laune.

Den Rest des Tages verbringen wir mit Relaxen, Baden, Essen und Cocktail trinken. Villa Tropico ist die schönste Hotelanlage unserer gesamten Rundreise und wir genießen das All-Inclusive-Angebot, das auch sämtliche alkoholische Getränke beinhaltet.

Schon nach dem Frühstück mache ich mich auf den Weg zur Rezeption, um nachzufragen, ob jemand eine Nachricht für mich hinterlassen hat, was die nette Dame dort allerdings verneint. Während Melanie sich auf den Weg zu Stand macht, bleibe ich auf der Terrasse unseres Bungalows und fange an etwas zu lesen. Ich traue mich gar nicht, an den Strand zu gehen, schließlich weiß ich nicht, ob und wann Mayito eine Nachricht hinterlassen wird. Und es kann ja auch sein, dass die Rezeption in unserem Zimmer anruft, um mir mitzuteilen, dass Besuch für mich da ist und da kann ich unmöglich einfach an den Strand gehen. Ohne mich richtig zu verabschieden, will ich Kuba auf keinen Fall verlassen. Ein bisschen komme ich mir vor, wie ein Teenager und da ich nie der Typ für einen Urlaubsflirt gewesen war, überraschen mich meine Gefühle umso mehr.

Gottseidank ist Melanie immer noch am Strand und bekommt nicht mit, dass ich nun schon zum dritten Mal bei der Rezeption war, um nachzufragen, ob eine Nachricht für mich da ist. Es ist mir peinlich und ich beschließe, kein weiteres Mal mehr nachzufragen. Ich finde mich damit ab, dass Mayito wohl nicht mehr kommt und suche Melanie am Strand. Gemeinsam machen wir uns auf den Weg zu einem Souvenirstand etwas weiter vorne am Strand, um noch einige Souvenirs zu kaufen für meine Lieben zu Hause. Danach beschließen wir, uns einen Drink an der Hotelbar zu holen, wo wir auch andere aus unserer Gruppe antreffen. Ich habe es mir gerade gemütlich gemacht, als Sarah zu mir sagt „Schau mal, da ist jemand für Dich." Und als ich in den Ankunftsbereich des Hotels schaue, sehe ich ihn. Er ist tatsächlich da und lächelt mich an. Ich gebe ihm zu verstehen, dass ich schnell in mein Zimmer gehe, um meinen Rucksack zu holen und dann gleich wieder komme. Als ich zurückkomme sehe ich Mayito, Melanie und Sarah zusammen mit einem anderen Kubaner vor einem roten Oldtimer stehen. Als ich dazukomme, erfahre ich, dass der Kubaner Gilberto heißt und ein Freund von Mayito ist, der uns chauffieren wird. Ich bin wieder einmal aufgeregt und freue mich so sehr, ihn noch einmal zu sehen und etwas Zeit mit ihm verbringen zu können. Da an diesem Tag jedoch Melanie's Geburtstag ist, gebe ich Mayito zu verstehen, dass ich nur einige Stunden Zeit habe.

Wir fahren los und ich winke Melanie und Sarah noch einmal zu, bevor wir das Hotelgelände verlassen. Mayito und ich sitzen am Rücksitz und können nicht mehr aufhören uns zu küssen. Direkt am Meer halten wir an und Gilberto lässt uns für einige Zeit alleine, damit wir die letzten gemeinsamen Stunden genießen können. Die Atmosphäre in dem Oldtimer direkt am Meer ist einzigartig und atemberaubend. Ich genieße jede Sekunde mit meinem kubanischen Busfahrer, den ich mehr ins Herz geschlossen habe als ich dachte. Als Gilberto zurückkehrt, machen wir uns schweren Herzens auf den Rückweg zum Hotel und auf dem Hotelparkplatz fällt es mir unendlich schwer, mich zu verabschieden. Wieder muss ich meine Tränen zurückhalten und Gilberto, der einige Worte Englisch spricht, fragt mich, wann ich wieder nach Kuba komme, um Mayito zu besuchen. Ich antworte, dass ich das nicht weiß und nicht genau sagen kann, ob ich noch einmal nach Kuba kommen werde. Wir küssen und umarmen uns ein letztes Mal und mit glasigen Augen blicke ich dem roten Oldtimer hinterher, aus dem Mayito noch winkt, bis ich ihn nicht mehr sehen kann.

Unseren letzten Abend verbringen wir mit der Gruppe, stoßen auf Melanie's Geburtstag an, tanzen etwas Salsa am Pool. Zwei wunderschöne und aufregende Wochen gehen zu Ende und nach einigen Stunden Schlaf geht es bereits um 3 Uhr nachts zum Flughafen in Havanna und von dort zurück nach Deutschland.

Kapitel 11

Zurück in Deutschland

Wieder in München angekommen freue ich mich, meine Eltern und meine beiden Katzen wieder in die Arme schließen zu können. Ich berichte begeistert von meiner Rundreise und meinen Erlebnissen auf Kuba. Jedoch einer geht mir einfach nicht aus dem Kopf und das ist Mayito. Ich ärgere mich, dass ich lediglich seine Adresse habe, weil ich ihm ja das Reparaturhandbuch schicken soll, jedoch habe ich leider nicht nach seiner Handynummer gefragt. Wie gern würde ich ihm jetzt eine Nachricht schicken. Da ich Alejandros Handynummer noch abgespeichert habe, kommt mir eines Abends die Idee, ihm eine Nachricht zu senden, um nach der Nummer von Mayito zu fragen. Als keine Antwort kommt, schreibe ich ihm noch ein weiteres Mal und bitte ihn, mir die Nummer zu schicken und plötzlich klingelt mein Handy. Ich bin nicht wenig überrascht, als ich Alejandro's Stimme höre und er gibt mir die Handynummer von Mayito durch. Danach dauert es keine fünf Minuten, bis ich mit Hilfe eines Deutsch-Spanisch-Übersetzers im Internet eine Nachricht verfasst habe und losschicke. Ich bin nervös, da ich ja gar nicht weiß, ob er die Nachricht bekommt und wenn ja, ob er überhaupt Kontakt mit mir haben will. Schließlich war es nicht mehr als ein Urlaubsflirt. Meine Freude ist immens, als ich eine Antwort bekomme. Er freut sich, von mir zu hören und ihm würde es gefallen, wenn wir uns schreiben. Von da an schreiben wir uns regelmäßig, so etwa alle drei Tage. Recht viel öfter ist es leider aus Kostengründen nicht möglich und gerade weil ich weiß, wie viel ein Kubaner verdient im Monat, freut es mich umso mehr, dass er mir auch weiterhin schreibt. Im Internet finde ich eine Möglichkeit, sein Handy mit Geld aufzuladen. Einmal im Monat gibt es ein Angebot. Ich zahle zwanzig Euro und er bekommt fünfzig CUC Guthaben auf seinem Handy gutgeschrieben. So ist es uns möglich, in Kontakt zu bleiben.

Noch im November bestelle ich mir das Langenscheid-Komplettpaket Spanisch und fange an, Spanisch zu lernen, da es einfach etwas beschwerlich ist, für jedes Wort den Online-Übersetzer zu verwenden. Mir wird immer bewusster, dass ich ziemlich verknallt in meinen Kubaner bin und ich würde ihn so gern noch einmal sehen. So beschließe ich noch im Dezember, einen Flug für das kommende Jahr im Juli zu buchen. Eine ziemlich verrückte Idee, vor allem, weil ich Mayito auch gar nicht richtig kenne. Was, wenn er zwar jetzt sagt, dass er sich freut und auch Urlaub nehmen wird für mich, aber im Juli dann doch gar kein Interesse hat an meinem Besuch? Ich brauche also einen Plan B und so buche ich für die erste Woche ein Zimmer im Hotel Deauville in Havanna und für die zweite Woche einen Spanischkurs in Verbindung mit einem Zimmer in der Wohnung von Eric, dem Organisator der Sprachkurse in Havanna. Und sollte sich das mit Mayito dann erledigt haben, kann ich immer noch in der ersten Woche einen Salsakurs besuchen. Ein perfekter Plan!

Es ist im März 2016, als ich das erste Mal große Zweifel an meinem Vorhaben habe, noch einmal nach Kuba zu fliegen. Bereits seit fast zehn Tagen habe ich keine Nachricht mehr von Mayito bekommen und immer mehr schleicht sich der Verdacht ein, dass er nun kein Interesse mehr an mir hat. Oder ist etwas passiert? Ich werde immer unruhiger und will endlich wissen, was los ist. So beschließe ich, ihn einfach anzurufen, um etwas herauszufinden. Mein Herz klopft wie wahnsinnig, als er sich meldet und es ist nicht ganz einfach, ihm mit meinen wenigen Spanischkenntnissen zu vermitteln, was eigentlich los ist. Aber er versteht, was ich ihm sagen will und das einzige was ich verstehe ist, dass er alle Nachrichten von mir bekommen hat, sich aber wundert, warum ich immer frage, was los ist. Als ich ihm dann sage, dass ich von ihm seit fast zehn Tagen nichts mehr gehört habe, fällt er aus allen Wolken und versichert mir, dass er mir schreibt und er nicht versteht, warum die Nachrichten nicht bei mir ankommen.

Im Internet lese ich dann immer mehr Beiträge, dass es keine Seltenheit ist, dass einige Nummern aus dem Ausland einfach blockiert werden in Kuba. Auf keinen Fall will ich jetzt den Kontakt nach Kuba verlieren und hole mir eine Prepaidkarte mit einer neuen Nummer und siehe da, der Kontakt ist wieder hergestellt. Ich bin erleichtert.

Noch im März melde ich mich bei der Volkshochschule für einen Spanischkurs an, der im April beginnen und bis zu meiner Reise nach Kuba im Juli gehen soll. Durch meine Motivation ist es mir auch schon gelungen immer öfter auf den Online-Übersetzer verzichten zu können und die Nachrichten von Mayito immer besser auch ohne Hilfe verstehen zu können. Als er mich im April fragt, ob ich Lust habe, im Juli seine Schwester für einige Tage zu besuchen, bin ich völlig aus dem Häuschen. Maribel, seine Schwester, wohnt nicht direkt auf Kuba, sondern auf einer kleineren Nebeninsel, der Isla de la Juventud. Ich bin nervös und aufgeregt bei dem Gedanken, für einige Tage direkt bei einer kubanischen Familie wohnen zu können. Wer hat dazu schon die Möglichkeit? Mayito schickt mir die Handynummer seiner Schwester und so nehme ich Kontakt mit ihr auf. Maribel arbeitet in einer Poliklinik als Krankenschwester der gynäkologischen Abteilung und hat so die Möglichkeit E-Mails mit mir zu schreiben. Wir schreiben uns nun regelmäßig und so erfahre ich auch immer mehr über ihre Familie. Im Juli werde ich dann auch ihren Mann Rene, Ihre Tochter Olga und ihren Schwiegersohn Hebert kennenlernen, die alle zusammen in einem Haus wohnen.

Da ich mehr über die Isla de la Juventud wissen will, informiere ich mich im Internet. Die Isla (wie sie die Kubaner nennen) ist die zweitgrößte Insel Kubas und gilt als „Sonderverwaltungsgebiet". Sie diente dem Schriftsteller Robert Louis Stevenson einst als Inspiration für seinen Roman „Die Schatzinsel". Vom 16. bis 18. Jahrhundert war sie Rückzugsgebiet von Piraten. Auch wenn sie heute als Paradies für Taucher gilt, ist sie vom Tourismus weitgehend verschont geblieben.

Bereits im Vorfeld meiner Reise sind die Meinungen von Familie und Freunden ziemlich kontrovers. Einige halten mich für verrückt, nochmals nach Kuba zu fliegen, um den Busfahrer meiner Kuba-Rundreise zu besuchen und einige bestärken mich in meinem Vorhaben. Insgeheim habe ich auch selbst viele Zweifel und ich frage mich häufig, warum Mayito gerade an mir Interesse haben sollte. Im Internet kursieren viele Geschichten von Touristinnen, die sich in Kubaner verliebt haben und diese sogar heiraten, um dann schmerzlich feststellen zu müssen, dass sie für die Kubaner lediglich ein Ticket in die lang ersehnte Freiheit sind oder eine Möglichkeit an Geschenke und Geld zu kommen. Ich lasse mich dadurch jedoch nicht beirren und beruhigt, dass ich ja noch einen Plan B habe, beginne ich mit meinen Reisevorbereitungen.

2. Juli 2016

Es ist Samstag, der 2. Juli 2016, als ich mich ein zweites Mal auf den Weg nach Kuba mache. Mit Condor habe ich einen elfstündigen Direktflug von München nach Havanna vor mir. Ich bin nervös und aufgeregt. Nach mehr als sieben Monaten starte ich nun meine Reise ins Ungewisse. Wie wird Mayito reagieren? Was wird er sagen? Wird er sich freuen, mich wiederzusehen? Wie wird es, seine Familie kennenzulernen? Immer wieder hat er mir in den letzten Monaten beteuert, dass auch er sich in mich verliebt hat und sich freut, mich wiederzusehen. Ob das alles dann der Wahrheit entspricht werde ich sehen. Ich bin aufgrund vergangener Erfahrungen ein eher skeptischer Mensch. Dennoch freue ich mich auf das bevorstehende Abenteuer. Und schließlich habe ich ja noch einen Plan B. Was soll also schiefgehen?

Als ich nach Verlassen des Flugzeuges in Havanna in der Schlange vor der Passkontrolle stehe, schalte ich mein Handy ein und erhalte auch gleich eine Nachricht von Mayito, der mich fragt, in welchem Terminal ich bin und dass er im Moment im Terminal 3 auf mich wartet. Er ist also wirklich da, um mich abzuholen. Ich bin beruhigt, doch leider habe ich keine Ahnung, in welchem Terminal ich mich befinde und erst als ich endlich meinen Koffer habe und vor dem Flughafengebäude stehe, frage ich einen netten Kubaner, welches Terminal das ist und er antwortet mir „Terminal 2". Ich schreibe Mayito eine Nachricht und warte geduldig und aufgeregt. Nach etwa zwanzig Minuten schleicht er sich von hinten an und küsst mich auf die Wange. Sofort fallen wir uns in die Arme. Er sieht noch immer genauso gut aus, wie im November und am liebsten möchte ich ihn in diesem Moment gar nicht loslassen. Sein Cousin Prisco wartet auf dem Flughafenparkplatz und begrüßt mich herzlich. Als Mayito mir jedoch sagt, dass es Probleme gibt mit meinem Ticket auf die Isla de la Juventud bin ich verunsichert und enttäuscht. Mayito hat sein Ticket und wird am Montag ganz früh morgens mit der Fähre fahren, da es jedoch für Einheimische und Touristen unterschiedliche Tickets gibt und es nicht möglich war, für mich noch eines zu bekommen, müssen wir versuchen einen Inlandsflug für mich zu bekommen. So machen wir uns auf den Weg zum Terminal 1 des Flughafens, von dem die Inlandsflüge starten. Als wir in dem kleinen Flughafenbüro fragen, teilt uns eine kubanische Angestellte mit, dass es für das Flugzeug, das in etwa dreißig Minuten startet, noch ein Ticket gibt. Da ich jedoch ziemlich fertig nach meiner langen Reise bin und alles andere als große Lust habe, jetzt gleich wieder weiterzufliegen, zumal ich auch weiß, dass Mayito erst am Montag am Nachmittag auf der Isla ankommt, lehne ich ab und schlage vor, dass wir es morgen noch einmal versuchen, ein Ticket zu bekommen. Zu dem Zeitpunkt weiß ich noch nicht genau, warum Mayito von dieser Entscheidung alles andere als begeistert ist.

Er und Prisco bringen mich zum Hotel Deauville und wir machen aus, dass wir uns, nachdem ich eingecheckt habe und frisch geduscht und umgezogen bin, um 20 Uhr vor dem Hotel treffen. Ich freue mich riesig auf den Abend mit Mayito und in einem nahegelegenen Cafe essen wir etwas und verbringen unseren ersten Abend zusammen.

Am nächsten Morgen holen mich Mayito und Prisco wieder ab vom Hotel. Meinen Koffer habe ich dabei, denn wir wollen versuchen, ein Flugticket für heute Nachmittag zu bekommen. Da man aber jeweils nur etwa dreißig Minuten vor Abflug Chancen hat, weil da die Tickets freigegeben werden von den Passagieren, die ihren reservierten Flug nicht antreten, fahren wir vorher zu seiner Mama und Schwester Caridad, die nicht weit vom Flughafen im Stadtteil Boyeros wohnen.

Ich freue mich riesig, seine Mama Margarita, seine Schwester Caridad, deren Mann Jose und Tochter Moni sowie den Ehemann von Moni, Jose Luis, kennenzulernen. Ich werde herzlich begrüßt, doch leider muss ich feststellen, dass meine Spanischkenntnisse bei weitem noch nicht ausreichen, um die Kubaner verstehen zu können. Aber mit Händen und Füßen können wir uns dann doch ganz gut verständigen. Nachdem der Reis von den unbrauchbaren Reiskörnern befreit und gewaschen wurde, genauso wie die schwarzen Bohnen, kocht Caridad ein leckeres Mittagessen mit Pollo, also Hühnchen, Congris (Reis mit schwarzen Bohnen) und Salat. Das Haus ist sehr einfach und die Toilette besitzt keine Spülung. Aber fließendes Wasser und Toilettenpapier gibt es heute ohnehin nicht im Badezimmer. Um nachzuspülen steht ein Eimer mit Wasser neben der Toilette. Im Wohnzimmer steht ein kleiner Röhrenfernseher, der so aussieht wie der, den ich als Kind einmal gehabt habe. An der Wand hängt ein kleiner staubiger Setzkasten, der mit den unterschiedlichsten Figuren bestückt ist. Am besten gefällt mir die kleine Terrasse mit den zwei Schaukelstühlen. Blickt man jedoch hinter das Haus gleicht die Umgebung einer Müllhalde. Achtlos weggeworfene Flaschen, Dosen und sogar Plastikflaschen, die einst mit Motoröl gefüllt waren. Ich bin von diesem Anblick schockiert.

Zufrieden und satt machen wir uns gegen 15 Uhr wieder auf den Weg zum Terminal 1 in der Hoffnung, ein Flugticket zu bekommen. Dort sollen wir unsere Pässe abgeben, was doch eigentlich schon einmal ein gutes Zeichen ist, denke ich. Wir warten bereits zwei Stunden, als uns die nette Kubanerin in das kleine Flughafenbüro winkt, um uns mitzuteilen, dass wir leider keine Tickets mehr bekommen. Allerdings rät sie uns, dass wir in der kommenden Nacht gegen 3 Uhr wieder am Flughafen sein sollen, da die Chancen recht gut stehen, Tickets für den Flug am Morgen zu bekommen.

Die Hotelboys im Hotel Deauville wissen wohl nicht so genau, was sie von mir halten sollen, als ich an dem Abend wieder im Hotel einchecke, um es nach einer kurzen Nacht um 3 Uhr morgens wieder mit gepacktem Koffer zu verlassen. Müde und voller Hoffnung, nun endlich ein Ticket zu ergattern, machen wir uns also ein weiteres Mal auf den Weg zu Terminal 1. Auch Mayito hat sein Gepäck heute dabei, da er ja ein Ticket für die Fähre hat. Diesmal ist er überzeugt, dass zumindest ich ein Flugticket bekomme und wir uns dann auf der Isla de la Juventud wieder in die Arme schließen können.

Leider ist dem nicht so. Um 5 Uhr bekommen wir leider gesagt, dass es kein Ticket mehr gibt und dass es ihnen leid tut. Ich bin sauer und verzweifelt und mache mich mit Mayito auf den Weg zum zentralen Busbahnhof, von wo Mayito's Bus in Richtung Anlegestelle der Fähre in Batabano starten soll. Er will doch jetzt nicht wirklich abfahren, und mich hier einfach alleine zurücklassen? Vor allem, weil ich die Hoffnung bereits aufgegeben habe, noch ein Flugticket auf die Isla zu bekommen. Ich sehe mich schon alleine in Havanna sitzen, während Mayito bei seiner Schwester ist. Mayito's Optimismus geht mir inzwischen so richtig auf die Nerven. „Das klappt schon, glaub mir. Am Nachmittag bekommst Du ein Ticket und wir sehen uns auf der Isla.", sagt er immer wieder. Wir treffen Prisco am Busbahnhof und stinksauer verabschiede ich mich von Mayito. Prisco bringt mich wieder zum Hotel Deauville und wir machen aus, dass er mich um 14 Uhr wieder abholt. Am liebsten möchte ich im Boden versinken, als ich ein weiteres Mal das Hotel Deauville mit meinem Koffer betrete und nur ein breites Grinsen von den Hotelboys ernte. Ich schlafe einige Stunden und werde von meinem knurrenden Magen geweckt. Gottseidank finde ich noch einige Kekse in meinem Koffer. Meine Laune ist am Tiefpunkt und meinen Urlaub in Kuba habe ich mir etwas anders vorgestellt. Wieso kann ich nicht einfach ins Internet gehen und mein Flugticket buchen? Was in Deutschland selbstverständlich ist, ist hier unvorstellbar und einfach kurz gesagt nicht möglich. Als ich um 14 Uhr das Hotel mit meinem Koffer wieder verlasse, ist es mir auch schon egal, was die Hotelangestellten von mir denken, denn ich bin mir fast sicher, dass ich in einigen Stunden wieder hier sein werde. Prisco holt mich wie vereinbart ab und wieder warten wir zwei Stunden im Terminal 1 vor dem kleinen Flughafenbüro. Prisco erreicht es zumindest, dass ich meinen Reisepass wieder hinterlegen kann und so warten und warten wir. Eine halbe Stunde, bevor das Flugzeug eigentlich starten soll, spricht Prisco einen Mitarbeiter aus dem Büro an, der ihm jedoch ziemlich unfreundlich zu verstehen gibt, dass wir warten sollen.

Zwanzig Minuten vor der eigentlichen Abflugzeit winkt er uns jedoch in das Büro und drückt mir einen handgeschriebenen Zettel in die Hand, welcher der Boardingpass sein soll. Ich kann also fliegen? Im Ernst? Tatsächlich halte ich endlich das heiß ersehnte Ticket in der Hand und kann mich in dem Moment nicht einmal mehr freuen. Ich verabschiede mich von Prisco und danke ihm für seine Hilfe und Unterstützung und gehe, nachdem ich meinen Koffer abgegeben habe durch den Sicherheitscheck, wo mir nach dem Durchleuchten meines Rucksackes der Sicherheitsbeamte sagt, dass er ein Feuerzeug gesehen hat, dass ich leider abgeben muss. Als ich mich im Wartebereich vor die Anzeigetafel setze, auf der alle geplanten Abflüge angezeigt werden, steigt meine Wut ins Unermessliche. Der Flug nach Nueva Gerona wird mit drei Stunden Verspätung angezeigt. Als ich dann noch eine sms von Mayito bekomme, in der er fragt wie es mir geht und ob alles in Ordnung ist, reicht es mir. Ich schreibe ihm in Spanisch zurück „Ja ich habe ein Ticket aber es ist nichts in Ordnung. Das Flugzeug hat Verspätung, ich bin mit den Nerven am Ende und habe Hunger. Außerdem wurde mir noch mein Feuerzeug weggenommen!". Das musste einfach raus.

Da ich jetzt Zeit habe, stelle ich mich an einem Tresen an, an dem man Getränke und Sandwiches kaufen kann. Ich bestelle eine Limonade und ein Sandwich mit Schinken uns Käse und staune nicht schlecht, als ich noch ein Wasser und Kekse dazubekomme. Als ich zahlen will, sagt mir die Verkäuferin „No cuesta nada!". Ich muss also nichts bezahlen und wundere mich etwas. Wahrscheinlich muss man nichts bezahlen, weil der Flug so viele Stunden Verspätung hat. Ich habe inzwischen so Hunger, dass ich das labbrige Sandwich und die Kekse genieße. Immer wieder schaue ich auf mein Handy aber Mayito schreibt nicht zurück. Naja meine letzte sms war auch nicht gerade freundlich.

Nach etwa einer Stunde stehen auf einmal alle Wartenden auf und stellen sich an das Abfluggate. Es geht also doch früher als geplant los. Ich habe keine Flugangst, doch als ich in der kleinen Propellermaschine des Typs Antonow AN-24 sitze, wird mir etwas mulmig. Die linke Armlehne meines Sitzes fehlt komplett und die Stoffbezüge der Sitze sind zum Teil aufgerissen und kaputt. Lediglich fünfzig Passagiere haben Platz in dem kleinen Flugzeug und als die kleine Antonow von der Startbahn abhebt hoffe ich nur, dass ich die fünfundzwanzig Minuten Flug gut überstehen werde.

Isla de la Juventud

Es geht alles gut und als ich in Nueva Gerona lande, ist es bereits dunkel. Der Ankunftsbereich, in dem sich auch das Koffer-Rollband befindet, besteht nur aus einem einzigen Raum. Bei jedem ankommenden Passagier wird Fieber gemessen und in einem Buch handschriftlich die Daten des Reisepasses vermerkt. Ich werde gefragt, wo ich die nächsten Tage übernachten werde und ich antworte „in La Fe". Als sie die genaue Adresse wissen wollen, zucke ich mit den Schultern, denn das einzige, was ich weiß ist, dass das Haus von Maribel in La Fe ist.

Als ich das kleine Flughafengebäude verlasse, bin ich erleichtert, als ich Mayito sehe und ich umarme ihn lange. Maribel und Olga sind auch da und drücken mich fest. Ich fühle mich müde und schlapp und bin doch erleichtert, dass ich endlich angekommen bin. Maribel hat einen Fahrer organisiert, denn die Familie selbst besitzt kein Auto. Ich quetsche mich mit Maribel und Olga auf die Rücksitzbank und weiß nicht, was ich sagen soll. In dem Moment ist es schwer für mich, auch nur ein einziges Wort in Spanisch zu sprechen. Olga nimmt meine Hand und lässt sie die ganze Fahrt bis zu Maribel's Haus nicht mehr los. Als wir dort ankommen, bin ich von dem was ich in der Dunkelheit erkennen kann begeistert. Was für ein schönes Häuschen. Im Haus warten ihr Mann Rene und Hebert, der Mann von Olga und begrüßen mich herzlich. Olga zeigt mir das Zimmer, in dem Mayito und ich schlafen werden und ich muss schmunzeln, als ich sehe, dass das gesamte Bett mit Stofftieren „geschmückt" ist.

Ich frage Maribel nach einem Handtuch und freue mich auf die Dusche. Aus dem eigentlichen Duschkopf kommt das Wasser jedoch nur in einzelnen Tröpfchen, so dass ich schnell begreife, wozu der Eimer voll Wasser mit dem kleinen Becher darin gut ist. Becher für Becher gieße ich mir also Wasser über den Kopf, um den Schaum des Shampoos aus meinen Haaren zu bekommen.

Den Rest des Abends verbringen wir bei einem gemeinsamen leckeren kubanischen Essen und mit der Übergabe der Geschenke, die ich mitgebracht habe. Von meinem Ex-Mann habe ich ein gebrauchtes Smartphone geschenkt bekommen, das ich Maribel gebe. Als sie es auspackt flippt sie vor Freude völlig aus und bittet Hebert, die Sim-Karte aus ihrem Handy einzusetzen. Ich habe T-Shirts, Gewürze und Silberkettchen mitgebracht und die Familie freut sich sehr über alles. Um 1 Uhr schließlich gehen wir ins Bett.

Die Horrornacht

Lange kann ich jedoch nicht schlafen, denn gegen halb vier wache ich plötzlich auf und mir ist irgendwie übel. Ich gehe auf die Toilette und da geht es auch schon los. Ich muss mich übergeben und Durchfall habe ich gleichzeitig. Ich fühle mich schrecklich und die Tränen schießen mir in die Augen. Mein erster Gedanke ist „Oh Gott, ich bin krank! Ich habe mir irgendetwas eingefangen." Da ich keine Zeit mehr habe, meine Schlafhose auszuziehen und ich auch noch mein Oberteil vollgebrochen habe, ziehe ich mich aus und wasche meine Kleidung notdürftig. Ich dusche mich und gehe anschließend weinend ins Zimmer, in dem Mayito immer noch fest und friedlich schläft. Ich wecke ihn weinend und er schreckt auf und fragt mich, was los ist. Ich erzähle es ihm und er zögert nicht lange und hilft mir frische Klamotten in meinem Koffer zu suchen. Ich sage ihm, dass ich mir Sorgen mache, dass ich mir irgendetwas Komisches eingefangen habe, aber wie die Kubaner so sind, sagt er „No te preocupes amor". Bis zum Morgen muss ich mich noch vier mal übergeben und habe Durchfall. Ich kann mich kaum noch auf den Beinen halten und liege bei Mayito im Arm, als Maribel anklopft. Sie hat ein besorgtes Gesicht, gibt mir aber zu verstehen, dass wir auf jeden Fall heute zur Einwanderungsbehörde in die Stadt müssen, um meine Erlaubnis zu holen. Auf Kuba und auch auf der Isla de la Juventud ist es nicht erlaubt, einfach so in einem Haus einer kubanischen Familie zu übernachten. Man braucht eine offizielle Erlaubnis, die vierzig CUC kostet. Ich könnte nur noch heulen, denn ich kann in meinem momentanen

Zustand nirgendwohin gehen, geschweige denn bei über 30°. Aber natürlich will ich auch nicht, dass die Familie wegen mir Probleme bekommt oder eine hohe Strafe bezahlen muss bei einer Kontrolle. Zwar habe ich seit etwa einer Stunde nicht mehr erbrochen, jedoch große Angst, dass es unterwegs passiert und da ich ja neben Erbrechen auch noch Durchfall habe, bekomme ich Panik beim Gedanken an die bevorstehende Fahrt nach Nueva Gerona.

Ausgerüstet mit Durchfalltabletten, Kreislauftropfen und drei Flaschen Wasser ziehen wir also los. Es ist brütend heiß und ich merke, dass mein Körper am Ende ist. Bis wir in der Stadt sind, vergeht fast eine Stunde, da wir mit Kutsche, einem Personen-LKW und zu Fuß unterwegs sind. Ich kann die ganze Fahrt über nicht viel reden, starre nur in eine Ecke und konzentriere mich, dass ich mich nicht noch einmal übergeben muss. Ich bin weiß im Gesicht und Schweiß läuft mir den Rücken hinunter.

Bei der „Inmigración" werden Maribel und ich getrennt voneinander befragt, was sich mit meinen Spanisch-Kenntnissen als etwas schwierig herausstellt. Wir werden gefragt, wie lange wie uns schon kennen, wo wir uns kennengelernt haben, warum ich bei Maribel im Haus schlafen will, was ich in Deutschland arbeite, wie lange ich bleiben will usw. Nach der Beantwortung der Fragen sagen sie uns, dass wir bevor wir eine Erlaubnis erhalten, zur Bank gehen müssen und Sellos, also Wertmarken im Wert von vierzig CUC holen müssen.

Ich merke, wie mein Körper an seine Grenzen kommt. In Deutschland würde ich jetzt im Bett liegen und hier renne ich mehr tot als lebendig in der Hitze rum und besorge Wertmarken. Zwei Flaschen Wasser habe ich bereits getrunken, da ich ständig das Gefühl habe, dass ich Wasser brauche. Ich weiß bis heute nicht, wie ich diesen Tag lebend überstanden habe. Denn nachdem wir die Erlaubnis endlich in Händen halten, geht das Abenteuer weiter. Die Hoffnung, dass ich schnell wieder ins Bett komme, habe ich bereits aufgegeben. Zumindest habe ich mich nicht mehr übergeben müssen, aber mein Körper ist völlig dehydriert und meine Hände zittern.

Maribel erklärt mir, dass es notwendig ist, dass wenn wir schon mal hier in Nueva Gerona sind, ein Ticket für meine Rückfahrt mit der Fähre zu besorgen. Also machen wir uns auf den Weg zum Hafen in einen kleinen Saal mit verschiedenen Schaltern und einem Wartebereich. Der Wartebereich ist voll, aber zum Glück ist der Saal klimatisiert. Alles geht nur schleppend voran und wir warten bereits drei Stunden, als die Schalter geschlossen werden. Für heute gibt es keine Tickets mehr. „Bitte was?" Ich kann es kaum fassen und wieder ist mir nur zum Heulen zumute. Ich bin wütend und schockiert, doch heute weiß ich, dass solche Dinge auf Kuba ganz normal sind.

Auf dem Weg zum Bus fährt ein kleiner Transporter an uns vorbei, der die Ladefläche voll mit kleinen Minibananen hat. Ich habe keinen Hunger und große Angst, wieder erbrechen zu müssen, sobald ich etwas esse. Jedoch will ich mir einige Bananen mitnehmen, die ich eventuell später essen kann, wenn es mir besser geht. Ich gebe dem Kubaner, der die Bananen verkauft einen CUC und bekomme im Gegenzug eine riesige Tüte voll mit Bananen. Maribel und Olga lachen und fragen mich, wer die denn alle essen soll und ich lache mit, denn ich wusste nicht, dass man für einen einzigen CUC so viele Bananen bekommt.

Endlich treten wir die Rückfahrt an in einem überfüllten Bus und gehen den Rest zu Fuß. Am Haus angekommen gehe ich sofort in den Garten, wo Mayito am Grill steht. Während unserer Abwesenheit haben er und einige Nachbarn, die auch um den Grill versammelt sind, ein Schwein geschlachtet, das nun auf dem selbst gebauten Grill brutzelt. Ich erfahre, dass das Schwein extra für mich geschlachtet wurde und fühle mich sehr geehrt. Gleichzeitig ist es mir peinlich zuzugeben, dass ich von dem Schwein heute wohl keinen einzigen Bissen hinunterbekommen werde. Und so ist es dann auch. Bis zum Abendessen ist noch etwas Zeit und so lege ich mich etwas aufs Bett, wo ich dann innerhalb einiger Minuten so tief einschlafe, dass ich nach zwei Stunden von Mayito geweckt werde. Das Abendessen, das an diesem Tag aufgetischt wird, sieht wieder unbeschreiblich lecker aus, aber das einzige, was ich noch esse, ist eine kleine Banane.

Die kommende Nacht verläuft ruhig und ohne weitere „Vorkommnisse" und als ich am nächsten Morgen aufwache, fühle ich mich schon viel besser. Endlich kann ich mir den Garten einmal etwas genauer ansehen und ich bin begeistert. Der Garten ist riesig und es stehen unzählige Kokospalmen, Papaya-, Mango-, Orangen- und Limettenbäume dort. Ein Paradies! Neben einer Scheune steht ein Traktor mit Anhänger, mit dem Rene, der Mann von Maribel, immer zur „Finca" fährt, wo er arbeitet. Dort werden unter anderem Tomaten, Yukka und schwarze Bohnen angebaut. Maribel hat sich schon früh mit meinem Reisepass auf den Weg in die Stadt gemacht, um es noch einmal zu versuchen, ein Ticket für die Rückfahrt mit der Fähre für mich zu bekommen. Als sie am späten Nachmittag zurückkommt und nur den Kopf schüttelt, weiß ich, dass es wieder nicht geklappt hat. Im Moment gibt es wohl Probleme Tickets für Touristen zu bekommen. Heute ist Mittwoch und Mayito hat sein Ticket für die Rückfahrt für Samstag. Natürlich will ich mit ihm zusammen zurück nach Havanna fahren, auch schon deshalb, weil ich am Sonntag in ein Casa Particular umziehen soll und am Montag mein Spanischkurs beginnt.

Am nächsten Tag nimmt Hebert meinen Reisepass zu sich, da er an diesem Tag in Nueva Gerona in einem kleinen Lebensmittelladen arbeitet und er irgendwie versuchen will, an ein Ticket zu kommen. Maribel, Olga, Mayito und ich machen uns inzwischen mit Rene und einigen Arbeitern auf den Weg zur Finca. Rene fährt seinen Traktor und wir sitzen alle auf Holzstühlen und Bänken auf dem Anhänger. Die Fahrt ist ziemlich wackelig und man muss sich gut festhalten, aber es macht einen riesen Spass. Seitdem ich hier auf der Isla de la Juventud bin, habe ich nicht mehr das Gefühl, eine Touristin zu sein, vielmehr Teil der Familie. Es ist interessant zu sehen, wie schwarze Bohnen und Yukka angebaut werden und ich lerne einige Arbeiter kennen.

Da Maribel zum Kochen noch Öl braucht, gehe ich mit Olga zum „Einkaufen". Unser etwa zwanzigminütiger Fußmarsch führt uns zu einem kleinen Kiosk, bei dem die Bewohner, die außerhalb von La Fe wohnen, ihre Einkäufe erledigen. Hier gibt es das Nötigste wie Öl, Zucker, Reis, Wasser, Waschmittel und Seife. Die meisten kubanischen Haushalte haben Anspruch auf die Libreta, einem kleinen „Rationsheftchen", das dazu berechtigt, Güter des täglichen Bedarfs wie Reis, Öl, Zucker, Bohnen, Eier, Bananen oder Kartoffeln in so genannten Bodegas für wenig Geld zu erhalten. Flüssige Milch ist nur Kindern vorbehalten und das Funktionieren dieses Systems ist gesetzlich geregelt. Jeder Missbrauch wird bestraft und es ist genau festgelegt, wie viel und wie oft das jeweilige Produkt pro Person gekauft werden darf.

Ich denke schon gar nicht mehr an mein Fähr-Ticket, als Hebert abends von der Arbeit heimkommt. Als er sich jedoch vor mich stellt und mir ein kleines Stück Papier hinhält, realisiere ich, dass es geklappt hat. Mein Ticket! Ich bin so glücklich, dass ich ihn umarme und wissen will, wie er das geschafft hat. Er sagt nur „Auf einen anderen Weg…" und da wird mir wider einmal bewusst, dass die Dinge hier einfach anders laufen und dass es, so wie Mayito immer sagt „für alles eine Lösung gibt".

Es geht zurück nach Havanna

Als wir zwei Tage später am frühen Morgen schweren Herzens die Rückfahrt antreten fällt es mir nicht leicht, mich von der Familie zu verabschieden. Ich habe mich so wohl gefühlt und habe alle ins Herz geschlossen. Am Hafen wird unser Gepäck durchleuchtet und ich muss meinen Koffer öffnen, weil ich eine Nagelschere in meinem Kosmetikbeutel habe. Da die Koffer sowieso nicht mit ins Innere der Fähre genommen werden, verstehe ich nicht, warum ich meine Schere abgeben muss. Ich bekomme eine Nummer, mit der ich sie bei der Ankunft wieder in Empfang nehmen kann.

Die Fähre macht einen sehr modernen Eindruck und es gibt sogar einen riesigen Bildschirm im Inneren mit dem man während der fünfstündigen Fahrt Filme anschauen kann. Ich bin ein bisschen traurig, weil ich nun nicht mehr mit Mayito in einem Zimmer schlafen kann. Noch eine Nacht werde ich im Hotel Deauville verbringen, bevor ich mein Zimmer im Casa Particular in Vedado beziehe. Als wir in Havanna angekommen sind sagt mir Mayito, dass er sich für heute noch nicht verabschieden will und ich freue mich, dass wir noch zusammen essen gehen können.

Am nächsten Morgen checke ich ziemlich früh aus dem Hotel aus und versuche vor dem Hotel ein Taxi zu bekommen. Mayito will mich um 9 Uhr vor dem Casa Particular in Vedado abholen, da wir anschließend gleich zu seiner Mama fahren. Der Versuch, ein

Taxi zu bekommen stellt sich um diese Uhrzeit als äußerst schwierig heraus und ich warte vergeblich länger als eine halbe Stunde, bis ich plötzlich etwas weiter entfernt einen Mann winken sehe. Er winkt mich zu sich und zeigt auf ein Auto, das um die Ecke des Hotel Deauville geparkt ist. Es macht einen recht ramponierten Eindruck und ich vermute, dass der nette Kubaner eigentlich keine Taxilizenz hat. Viele Kubaner versuchen sich so etwas dazuzuverdienen, indem sie Fahrten anbieten ohne Lizenz. Natürlich ist das verboten und wenn sie erwischt werden, müssen sie eine Strafe bezahlen. Ich handle einen guten Preis mit ihm aus und so komme ich doch noch einigermaßen rechtzeitig bei Eric an, der mir mein Zimmer zeigt und mir einiges erklärt. Da ich aber nicht viel Zeit habe, verabschiede ich mich wieder schnell und warte unten vor dem Haus auf Mayito. Einige Minuten später sitze ich dann schon mit ihm im Auto seines Cousins Prisco, der uns zum Haus seiner Mama fährt. Wir verbringen dort den ganzen Tag und ich fühle mich wieder sehr wohl.

Am Abend bekommt Mayito einen Anruf aus seiner Arbeit, dass er am nächsten Tag einen Transfer vom Flughafen in Havanna nach Varadero machen muss und als er mich fragt, ob ich mitkommen will, bin ich hin- und hergerissen. Eigentlich fängt ja mein Spanischkurs an aber natürlich will ich andererseits gerne meine Zeit mit ihm verbringen. So rede ich am Abend mit Eric und sage ihm, dass ich den Kurs erst am darauffolgenden Tag anfangen werde. Eric sagt der Spanischlehrerin Bescheid und so holt mich Mayito am nächsten Tag mit dem Transtur-Bus vor dem Haus von Eric ab. Als ich in den Bus steige, erinnere ich mich sofort wieder an meine Rundreise im vergangenen November, denn es ist derselbe Bus Nr. 3625. Am Flughafen in Havanna warten wir lange, bis alle Reisenden vollzählig sind. Es sind hauptsächlich Touristen aus Argentinien, die Mayito heute fahren muss. Die Reiseleiterin ist gebürtige Italienerin und ich freue mich, dass ich mich etwas mit ihr unterhalten kann, denn sie spricht auch Englisch. Bereits über zwanzig Jahre lebt sie auf Kuba und arbeitet als Reiseleiterin. Der Grund für ihre Auswanderung nach Kuba war die Liebe. Sie ist mit einem Kubaner verheiratet erzählt sie mir, und dass sie sehr glücklich in Kuba ist.

Nachdem alle Touristen bei den verschiedenen Hotels abgeliefert worden sind, haben Mayito und ich noch etwas Zeit durch Varadero zu schlendern. Ich will mir unbedingt den Strand ansehen und Mayito ist wenig begeistert, da er nicht viel mit Meer und Strand anfangen kann. Ich mache einige Fotos vom Sandstrand und dem glasklaren Meer. Ich kann verstehen, warum so viele Touristen hier ihren Badeurlaub verbringen, denn es ist wunderschön hier, jedoch hat Varadero meiner Meinung nach mit Kuba nicht viel zu tun. Wer einen zweiwöchigen Badeurlaub in Varadero verbringt und sagt, wie schön Kuba doch ist, der hat nichts verstanden und von Kuba nicht viel gesehen. Wer sich in seinem All-Inclusive-Hotel abends beim Buffet den Magen vollschlägt, der hat keine Ahnung, wie die Lage in Kuba wirklich ist. Keine Frage, Varadero und auch anderen Touristenmeilen sind wunderschön, die Strände und das Meer ein Traum, aber so lernt man Kuba und seine Menschen nicht wirklich kennen.

In den vielen Souvenirshops kaufe ich noch einige Mitbringsel und für Mayito einen neuen Gürtel, denn sein alter Gürtel wird wohl bald auseinanderfallen. Wir essen Churros (ein Gebäck, das in Fett herausgebacken und mit Zucker bestreut wird) und genießen die Zeit in Varadero bis wir uns wieder auf den Rückweg machen. Ich sage Mayito, dass ich traurig bin, dass wir in Havanna keine Nacht mehr zusammen verbringen können, worauf er meint „Baby, keine Sorge! Wir finden eine Lösung." Ja ja ich weiß, der Kubaner findet für alles eine Lösung. Also lasse ich mich mal überraschen. Wir kommen erst in Havanna an, als es bereits dunkel ist. Mayito parkt den Bus direkt hinter dem bekannten Hotel Habana Libre in Vedado und als er beginnt, die Vorhänge im Bus zuzuziehen, wird mir klar, was er vorhat. Und so machen wir es uns im Bus gemütlich und genießen die Zweisamkeit. Um den Abend perfekt abzuschließen trinken wir noch ein Cristal, ein kubanisches Bier, in einer kleinen Cafeteria.

Am nächsten Morgen holt mich meine Spanischlehrerin vor dem Haus von Eric ab. Sie ist schon etwas älter aber sehr nett. Sie heißt Idania und leider spricht sie nur einige Worte Englisch, ansonsten nur Spanisch. Wir gehen etwa fünfundzwanzig Minuten zu ihrer Wohnung, die auch im Stadtteil Vedado im fünften Stock eines Hauses in der Nähe des Denkmals von Maximo Gomez ist, einem ehemaligen kubanischen General. Vom Balkon im fünften Stock, auf dem wir lernen, habe ich einen fantastischen Blick auf das Denkmal und das dahinterliegende Meer. Idania macht mit mir Vokabelübungen, Grammatikaufgaben und versucht mich immer wieder dazu zu ermutigen, viel Spanisch mit ihr zu reden. Anfangs fällt es mir noch sehr schwer aber nach und nach merke ich deutliche Verbesserungen und ich bin erstaunt, wie viel mir Idania in dieser kurzen Zeit beibringen kann. Gegen 13 Uhr, als der Unterricht für heute beendet ist, hat es über 30° und ich muss auf dem Rückweg zu meinem Zimmer in einem Supermarkt Halt machen, um mir eine Flasche Wasser und ein paar Kekse zu holen. Im Zimmer schlafe ich dann erst einmal zwei Stunden und schreibe Mayito anschließend eine sms, dass mir langweilig ist und ich ihn vermisse. Ich will wissen, wann er heute Arbeitsschluss hat und ob wir noch zusammen zum Essen gehen. Gegen 19 Uhr holt er mich dann endlich ab und so können wir wenigstens noch den Abend gemeinsam verbringen.

Am nächsten Tag holt er mich dann bereits nach meinem Spanischkurs ab, da er lediglich eine Besprechung in der Arbeit hat und danach frei. Wir gehen zur Bushaltestelle in Vedado und er sagt, dass er eine Überraschung für mich hat. Wir nehmen den Bus in Richtung zum Flughafen und ich frage mich die ganze Zeit, was für eine Überraschung das wohl sein kann. Der Bus ist schon überfüllt, als er ankommt und beim Anblick der Menschentraube, die sich vor den Türen des Busses versammelt hat, bin ich mir sicher, dass wir auf den nächsten Bus warten müssen. Aber Mayito schiebt mich vor sich und wir quetschen uns in den Bus. Da der Busfahrer aufgrund der Fahrgäste, die die hintere Tür blockieren, diese nicht mehr schließen kann, lässt er sie einfach offen und fährt los. Ich schwitze und wenn ich über die Haut meiner Arme streiche, fühlt es sich an, als sei ich in den Regen gekommen. Als ich jedoch Mayito über den Arm streiche bemerke ich, dass seine Haut trocken ist. Grinsend sagt er zu mir „Ja, das ist weil ich ein Löwe bin und Löwen schwitzen nicht." Ich muss lachen und sage zu ihm „Nein, Du bist ein Tiger, mein Tiger" und so ist sein neuer Spitzname geboren.

Gottseidank stehe ich nicht direkt an der Türe, denn bei der nächsten Kurve würde ich wohl auf der Straße landen. Nach etwa zwanzig Minuten Fahrt steigen wir nahe einer Wohnsiedlung endlich aus und ich kann mir immer noch nicht erklären was Mayito vor hat, als er plötzlich vor einem Haus hält und dort klingelt. Auf einem Schild am Haus kann ich die Aufschrift „hospedaje disponible" lesen und da wird mir klar, dass er ein Zimmer mieten will für uns beide. Er mietet das Zimmer für drei Stunden und ich freue mich, dass wir ein paar Stunden ungestört zusammen verbringen können. Belustigt sage ich zu ihm „Mit Dir ist Kuba jeden Tag ein Abenteuer". Das Zimmer ist sauber und nett eingerichtet. Es ist mit einem Kühlschrank, Klimaanlage, Fernseher und DVD-Player ausgestattet. Der Kühlschrank ist gefüllt mit Softdrinks, Bier, Rum und Schokolade. Auf einer Abstellfläche neben dem Spiegel befindet sich ein kleines Körbchen mit Kondomen. Ich muss lachen, denn trotzdem das Zimmer sehr gemütlich ist, hat es doch den Anschein eines kubanischen Stundenhotels. Wir genießen die Zeit zu Zweit und beschließen, als wir zurück in Vedado sind, in einem Lokal noch Ropa Vieja zu essen. Ropa Vieja ist ein kubanisches Rindfleischgericht und bedeutet übersetzt „Alte Kleidung". Für Mayito ist es stets etwas Besonderes Rindfleisch zu essen, denn meist ist das Essen von Rindfleisch den Touristen vorbehalten. Alle Rinder in Kuba sind Staatseigentum und alle

Kubaner, die bei der Zubereitung von illegalem Rindfleisch erwischt werden, wandern ins Gefängnis. In den Restaurants, in denen es Rindfleischgerichte gibt, verkehren meist nur Touristen, da ein Rindfleischgericht häufig den Wochenlohn eines Kubaners überschreitet. Rindfleisch wird in Kuba häufig auch „Rotes Gold" genannt. Die Kubaner lieben es, können es sich aber nicht leisten. Es wird meist aus Kanada importiert und der gesamte Rindfleischmarkt staatlich kontrolliert. So lassen wir es uns schmecken und als Nachspeise gibt es noch einen riesigen Pina Colada.

Ich habe den großen Wunsch, noch einmal vor meiner Rückreise nach Deutschland einen kompletten Tag mit Mayito in Habana Vieja, in der Altstadt Havanna's zu verbringen. Nach einem Anruf in seiner Arbeit sagt er mir, dass der nächste Tag nur mir gehört. Auch gerade mit der Gewissheit, dass uns nur noch zwei Tage bleiben, freue ich mich wie verrückt auf den nächsten Tag. Wir verabreden uns um 9 Uhr vor Eric's Haus und fahren einige Stationen mit dem Bus bis Habana Vieja. Mayito hat seine Arbeitsuniform an, denn so können wir lästige Kontrollen durch die Polizei in der Altstadt vermeiden, da er aussieht wie ein privater Reiseleiter. Kubaner und Kubanerinnen, die mit Touristen unterwegs sind, werden oft von der Polizei kontrolliert, um die Vorhaben der so genannten „Jineteras" und „Jineteros" zu verhindern. Übersetzt bedeutet Jinetero soviel wie „Reiter" und beschreibt einen Kubaner, der auf Touristen „aufsattelt", um durch diese durch Zigarrenverkauf, Vermittlung von Unterkünften oder Ähnliches an Geld zu kommen.

Wir bummeln Hand in Hand durch die Straßen und Plätze in der Altstadt und an einem kleinen Stand, an dem ein junger Kubaner gebrannte Musik-CDs anbietet, kaufe ich einige CDs mit kubanischer Musik. Wir schlendern in Richtung Hafen zum großen Souvenirmarkt San Jose, der sich in einer riesigen Markthalle befindet. Die Souvenirs auf diesem Markt sind alle ziemlich überteuert, dennoch lohnt sich ein Bummel und besonders gut gefallen mir die vielen selbstgemalten Ölbilder, die dort verkauft werden.

Zur Mittagszeit wird die Hitze unerträglich und wir beschließen in einem Restaurant in der Nähe des Marktes eine kleine Pause zu machen und bestellen uns gekühlte Getränke und ein Thunfischsandwich. Eine kubanische Band unterhält die Gäste und so verbringen wir dort zwei Stunden im Schatten mit Blick auf das Meer. Mein Herz wird immer schwerer, denn mir bleiben nur noch zwei Tage, bevor es zurück nach Deutschland geht. Je mehr Zeit ich mit Mayito verbringe und je besser ich ihn Tag für Tag kennenlerne, desto mehr empfinde ich für ihn. Ich bin sehr sehr verliebt in meinen Kubaner. Wir gehen langsam wieder in Richtung Maximo Gomez-Denkmal und ich entdecke einen kleinen Touristenzug, der bis nach Vedado fährt. Wir steigen ein und für einen CUC pro Person können wir bis nach Vedado fahren. Die Fahrt macht auch Mayito Spaß, denn bisher hat er ihn noch nie benutzt und die Fahrt geht entlang des Malecón, so dass wir immer den Blick auf das Meer genießen können. In Vedado gehen wir dann noch ins „El Fuente", ein Restaurant, in dem man selten Touristen antrifft. Hier essen normalerweise nur Kubaner und somit ist es recht günstig. Die Auswahl beschränkt sich zwar nur auf zwei unterschiedliche Gerichte aber es schmeckt lecker und wir zahlen umgerechnet nur etwas mehr als zehn Euro für Getränke und zwei Gerichte mit Schweinefleisch, Reis mit schwarzen Bohnen und frittierten Kochbananen. Für mich ist es immer wieder ein Erlebnis gerade an die Orte zu kommen, an denen nicht viele Touristen sind, sondern nur die Einheimischen.

Den letzten Tag vor meinem Rückflug verbringen wir noch einmal bei Mayito's Mama und Schwester. Wir sitzen auf der kleinen Terrasse und sie fragen mich, ob und wann ich wiederkommen werde. Ich verspreche ihnen, dass ich auf jeden Fall im kommenden Jahr wieder komme. Auf einmal bewölkt sich der Himmel, die Wolken werden immer dunkler und plötzlich schüttet es wie aus Eimern. Die kommende Nacht wollen wir eigentlich noch einmal in der „Stundenunterkunft" verbringen, um die letzte Nacht noch einmal nur für uns zu haben, jedoch wollen wir abwarten, bis der Regen etwas nachgelassen hat. Da ich natürlich wieder nicht mitgedacht habe und blöderweise davon ausgegangen bin, dass ich vorher noch in meine Casa komme, um einige Dinge einzupacken, die ich zum Übernachten brauche, muss ich die kommende Nacht wohl mit den Sachen auskommen, die ich dabei habe, nämlich nur ein T-Shirt, das sich zufällig noch in meinem Rucksack befindet. Als der Regen etwas nachlässt machen wir uns auf den Weg. An sich ist die Unterkunft nicht weit entfernt, liegt auch im Stadtteil Boyeros, wie das Haus von Mama, jedoch sind die Transportmöglichkeiten in Havanna nicht mit unseren in Deutschland zu vergleichen. Mit dem Collectivo fahren wir bis zur nächsten Bushaltestelle, wo es erneut zu schütten beginnt. Da wir auch mit diesem Bus nicht direkt zur Unterkunft fahren können, steigen wir vor einem nahegelegenen Restaurant aus und stellen uns dort unter. Den Rest müssen wir dann zu Fuß gehen, doch wenn wir jetzt gleich weitermarschieren, sind wir bis wir an der Unterkunft ankommen völlig durchnässt. Mayito ruft die Vermieterin des Zimmers an und sagt Bescheid, dass wir in der Nähe sind und auf jeden Fall noch kommen und ob es möglich wäre, ein warmes Essen zu bekommen. Die Casa-Besitzerin bejaht dies und wir sind etwas beruhigt, da wir schon großen Hunger haben und das Restaurant, in dem wir warten leider aus mir nicht ersichtlichen Gründen kein Essen anbietet. Leider wissen wir immer noch nicht, wann der Regen endlich schwächer wird und inzwischen ist mir kalt und ich fange an zu zittern. Als ein älterer Mann, der eine große Plastikplane als Regenschutz bei sich trägt, das Restaurant betritt, geht Mayito auf ihn zu und fängt an, mit ihm zu verhandeln. Ich kann mir zuerst nicht erklären, um was es geht, bis ich sehe, dass Mayito ihm Geld in die Hand drückt und dafür die Plastikplane bekommt. „Komm mein Schatz, los geht's" sagt er zu mir und so wagen wir uns bedeckt mit der riesigen Plastikplane in den unwetterartigen Regen hinaus. Um zu unserem Zimmer zu kommen müssen wir die Straße überqueren und warten, bis wir freie Bahn haben und alle Autos vorbeigefahren sind. Wir müssen noch einen LKW vorbeilassen, dann kann es losgehen. Leider fährt der LKW so nah an uns vorbei und mit seinem rechten Vorderreifen in eine Vertiefung in der Straße, in der sich Wasser gesammelt hat, so dass wir die volle Ladung abbekommen. Das Wasser überschüttet uns wie eine Welle und innerhalb von Sekunden sind wir von

Kopf bis Fuß durchnässt. Wir sehen beide aus wie zwei gebadete Katzen wie uns das Wasser von unseren Haaren tropft und unsere Kleidung wie beim Wet-T-Shirt-Contest an unseren Körpern klebt. Wir werfen die Plastikplane weg, denn jetzt ist es ja eh schon egal und überqueren die Straße. Nach etwa zehn Minuten im strömenden Regen kommen wir dann endlich bei der Unterkunft an und die Besitzerin muss lachen, als sie uns sieht.

Wir ziehen uns aus und hängen die tropfenden Klamotten rund um die Klimaanlage herum verteilt auf, in der Hoffnung, dass sie dann morgen einigermaßen trocken sind. Gottseidank habe ich in meinem Rucksack noch ein trockenes T-Shirt. Mayito sagt, ich soll eine warme Dusche nehmen, um mich etwas aufzuwärmen. Als ich jedoch unter der Dusche stehe und bereits einige Minuten auf einen warmen Wasserstrahl warte, realisiere ich, dass es heute leider kein warmes Wasser gibt. Nach dem Abtrocknen wickle ich mich in ein Bettlaken ein und warte, bis Mayito geduscht ist. Dann klopft jemand an die Tür und als wir öffnen steht die Casa-Besitzerin davor mit einem Tablett mit zwei Tellern leckerem Essen bestehend aus je einem Hühnerschenkel, Reis und frittierte Bananen. Wir lassen es uns schmecken und trinken noch einen Cuba Libre dazu. Mayito sagt mir, dass es ihm so leid tut, dass der letzte Abend in Kuba so enden muss. Ich lache und küsse ihn. „Mach Dir keine Sorgen mein Schatz, das war wieder einmal nur ein weiteres Abenteuer, über das ich jetzt schon wieder lachen kann und ich freue mich so, die letzte Nacht mit Dir hier verbringen zu können" sage ich zu ihm. Nach dem Essen kuscheln wir uns eng aneinander und verbringen die

letzte Nacht zusammen genau so wie ich es mir vorgestellt habe.

Am nächsten Morgen brechen wir recht früh auf, denn
heute geht es ja zurück nach Deutschland und ich
muss ja noch meinen Koffer packen. Die Klamotten
sind immer noch feucht und so machen wir uns, nachdem wir das Zimmer bezahlt haben, auf den Weg
zurück nach Vedado. Mein Herz ist schwer und ich
bin traurig, mich heute wieder verabschieden zu müssen. Aber natürlich freue mich auch wieder auf meine
Lieben zu Hause. Gegen 12.30 Uhr verabschiede ich
mich von Eric und warte vor dem Haus auf Mayito
und Prisco, die mich abholen. Da am Flughafen die
Schlange vor dem Check-in irrsinnig lang ist, kaufe
ich noch drei Cola, die wir im Auto von Prisco trinken. Wir machen schon Pläne für meinen nächsten
Besuch in Kuba. Mayito bringt mich bis vor die Ab-
flughalle und ich schaue ihm tief in die Augen. „Ich
will noch nicht fliegen, ich will mich nicht verabschieden" sage ich und mir laufen Tränen über die
Wangen. „Mein Schatz, wir sehen uns bald wieder
und Du wirst sehen, die Zeit vergeht wie im Flug"
sagt Mayito mit zittriger Stimme und bekommt auch
glasige Augen. Wir umarmen und küssen uns und
wollen uns gar nicht mehr loslassen. „Ich liebe Dich
sehr mein Tiger". „Ich liebe Dich auch mein Schatz,
bis zum Mond und zurück". Als ich mich in die
Schlange vor dem Check-in einreihe werde ich neugierig von den Wartenden angestarrt, weil die Tränen
einfach nicht aufhören wollen zu laufen. Durch die
Glastüren beobachte ich Mayito, wie er zurück zum
Auto geht. Er dreht sich noch einmal um und winkt
mir zu.

Zurück in München

Nach einem langen Flug freue ich mich, meine Familie wieder in die Arme schließen zu können. Ich berichte meine Erlebnisse aus Kuba, zeige meiner Familie Fotos, packe meinen Koffer aus und wasche meine Klamotten. Leider kehrt nach einem Urlaub immer viel zu schnell die Routine und der Alltag ein und so muss ich mich nun wieder mit einer sms alle zwei bis drei Tage mit Mayito und einem Anruf einmal im Monat zufriedengeben. Noch im August buche ich meinen nächsten Flug nach Kuba. Diesmal buche ich auch gleich die Inlandsflüge auf die Isla de la Juventud, um beim nächsten Mal das Chaos um den Kampf nach Tickets zu vermeiden. Ich plane, beim nächsten Mal, meinen Geburtstag auf der Isla zu feiern und in der zweiten Woche möchte meine Freundin Janina nach Havanna kommen. Über eine „Kuba-Gruppe" in Facebook lerne ich eine Frau kennen, deren Familie einige Casas in Kuba vermietet, unter anderem in Havanna in der Calle Galiano in der Nähe des Hotel Deauville. Ich buche die größere Wohnung, in der Janina, Mayito und ich dann im Februar eine Woche zusammen verbringen können.

In Deutschland vergeht kein Tag, an dem ich nicht an meine Kubaner denke und über jede sms von Mayito freue ich mich wie ein kleines Kind. Ich fange an mit meinem Handy kleine Videos zu machen, um dann im Februar meiner kubanischen Familie zu zeigen, wie und wo ich lebe. Ich filme meine Wohnung, meine Arbeit beim Katzensitting, den Schnee auf meiner

74

Terrasse und die Feierlichkeiten an Weihnachten mit meiner Familie.

Bei Freunden und Bekannten erzähle ich gerne von Kuba, doch stoße ich immer wieder bei einigen Leuten auf großes Unverständnis. Viele können es nicht verstehen, wie das mit der Fernbeziehung klappen soll. „Das ist doch keine richtige Beziehung!" oder „Die wollen doch nur Dein Geld" bekomme ich oft zu hören. In der Tat, es ist nicht einfach, eine Fernbeziehung zu führen und natürlich wäre es mir lieber meinen Freund hier bei mir zu haben, aber trotzdem bin ich glücklich. Ich bin dankbar, Mayito kennen- und liebengelernt zu haben und die Möglichkeit zu haben, Kuba ganz anders kennenzulernen. Ich besuche Kuba jetzt nicht mehr nur als Touristin, sondern lerne immer mehr das kubanische Leben und den Alltag kennen mit all seinen schönen Dingen aber auch seinen Entbehrungen. Für mich ist diese Liebe ein Geschenk und auch wenn es niemals die typische Beziehung sein wird und wir nur die Gelegenheit haben uns mit Hilfe von sms, seltenen Telefonaten und einigen Wochen Zusammenseins im Jahr kennenlernen können bin ich glücklich und es vergeht kein Tag, an dem ich mit meinen Gedanken nicht in Kuba bin. Ich weiß weder, wie lange wir unsere Beziehung auf diese Weise aufrechterhalten können, noch was die Zukunft bringen wird und doch möchte ich diese Momente mit ihm und seiner Familie nicht missen. Mir wird klar, dass ich wohl die kommenden Jahre in kein anderes Land reisen werde, da das meine Zeit und meine finanziellen Mittel auch gar nicht zulassen würden. Die Zeit bis zu meiner nächsten Reise nach Kuba zieht sich wie Kaugummi und es reicht mir nicht mehr aus, nur alle drei Tage Kontakt zu Mayito zu haben. Immer wieder suche ich im Internet oder in speziellen Kuba-Gruppen in Facebook nach Lösungen. Es gibt Möglichkeiten über bestimmte Apps zu schreiben und sogar zu telefonieren, aber dafür müsste Mayito ins Internet gehen und das gestaltet sich aufgrund seiner Arbeit als schwierig. Um ins Internet zu gehen muss man bei Etecsa, dem örtlichen Telekommunikationsanbieter eine Karte kaufen und sich mit einem Zahlencode einwählen. Dazu benötigt man aber einen Wifi-Hotspot und die Zeit, sich bei den oft langen Schlangen bei Etecsa anzustellen.

Am 25. November verbreitet sich die Nachricht schnell. Fidel Castro ist im Alter von 90 Jahren in Havanna verstorben. Fast fünfzig Jahre regierte er Kuba und nach dem Sturz des Diktators Batista waren 1959 die Revolutionäre von Santiago de Cuba aus nach Havanna eingezogen und so wurde seine Asche nun nach neuntägiger Staatstrauer auf seiner letzten Reise in einer feierlichen Zeremonie von mehreren Tagen von Havanna zurück nach Santiago de Cuba gebracht, wo am 4. Dezember auf dem Friedhof Santa Ifigenia die Beisetzung stattfindet. Mayito schreibt mir, dass die Trauer unter der kubanischen Bevölkerung immens ist, vor allem bei den Älteren.

Schon im Juli haben wir oft davon geträumt und darüber geredet, wie schön es wäre, wenn Mayito mich in Deutschland besuchen und ich ihm auch endlich mein Leben und meine Heimat zeigen könnte. Bei einem unserer Telefonate verspreche ich ihm, alle notwendigen Unterlagen zu besorgen und mich zu informieren. Er gesteht mir, dass er etwas Angst hat nach Deutschland zu kommen. In Kuba wird über Deutschland nicht immer gut geredet. Viele Kubaner, die die Möglichkeit haben, nach Deutschland zu reisen, haben Angst vor Rassismus und davor, schlecht behandelt oder sogar angegriffen zu werden. Ich erkläre ihm jedoch, dass er keine Angst haben muss und ich gut auf ihn aufpassen werde. Ich beginne mit meinen Recherchen im Internet, suche in Foren nach Infos und lese auf der Seite der Deutschen Botschaft in Havanna nach, welche Formulare benötigt werden und welche Voraussetzungen erfüllt sein müssen, um das Schengen-Visum zu erhalten. Je mehr Nachweise ein Kubaner vorweisen kann über Besitz, gute Arbeit und eventuelle minderjährige Kinder, desto besser sind die Chancen, die Rückkehrbereitschaft zu belegen. Ich drucke den Antrag aus, den wir dann zusammen ausfüllen können, wenn ich in Havanna bin. Einen Versuch ist es wert, auch wenn sehr sehr viele Visumsanträge abgelehnt werden.

Kapitel III

Das dritte Mal Kuba

Im Februar 2017 ist es dann soweit. Am 8. Februar starte ich mit Air Canada über Toronto nach Havanna. Als ich in Havanna ankomme, ist es 23 Uhr und bereits Mitternacht als ich endlich mit meinem Koffer aus dem Flughafengebäude komme. Und da sehe ich ihn, gutaussehend wie immer. Mayito! Die Freude ist riesig als ich ihn nach den vielen langen Monaten wieder in die Arme schließen und küssen kann. Da wir bereits um 5 Uhr morgens wieder los müssen zum Terminal 1, von dem die Inlandsflüge starten, habe ich im Stadtteil Boyeros unweit des Flughafens ein Zimmer reserviert, damit ich zumindest duschen und einige Stunden schlafen kann. Den Casa-Besitzern hatte ich schon zuvor per E-Mail mitgeteilt, dass wir recht spät ankommen werden und sie schrieben mir, dass das kein Problem sei. So wechsle ich noch schnell Euro in CUC und es ist bereits fast 1 Uhr nachts, als wir vor der Unterkunft ankommen. Prisco ist wie immer zur Stelle und fährt uns. Ich bin genervt, als auch nach mehrmaligem Klingeln und Rufen keiner aufmacht. Die Casa-Besitzer sind nicht zu sehen und es brennt auch nirgends Licht. Da ich auch eine Handynummer bei der Buchung bekommen habe, versucht Mayito anzurufen. Aber keiner hebt ab. Durch unser Rufen werden die Nachbarn aufmerksam und eine Frau kommt aus dem Nachbarshaus und fragt uns, was los sei. Mayito erklärt die Situation und da sagt die Frau „Kein Problem. Ihr könnt bei uns schlafen.

Wir haben ein Zimmer frei." Ich bin erleichtert und dankbar und muss lachen, als Mayito wie immer sagt „Siehst Du, in Kuba gibt es für alles eine Lösung".

Da uns nur vier Stunden bleiben, bevor es wieder zum Flughafen geht, dusche ich und lege mich zu Mayito ins Bett. Ich genieße seine Nähe und wir reden, kuscheln und lieben uns bis wir um 5 Uhr Prisco wieder abholt.

Der Flug auf die Isla startet zwar wie erwartet mit Verspätung, jedoch ohne weitere Probleme. Als es während des Fluges jedoch in Höhe der Gepäckfächer zu rauchen beginnt, werde ich nervös. Es scheint niemanden weiter zu stören und Mayito sagt mir, dass das manchmal passiert wenn die Klimaanlage defekt ist. Na hervorragend! Etwa nach fünfundzwanzig Minuten landen wir wohlbehalten in Nueva Gerona, wo auf dem Flughafenparkplatz bereits Maribel und Rene auf uns warten. Ich freue mich riesig, wieder hier zu sein und wir verbringen ein paar wunderschöne Tage auf der Isla de la Juventud. Mir kommt es wieder vor, als wäre die Zeit irgendwann einfach stehen geblieben. Ich fühle mich wohl und da ich dieses Mal ein spezielles Pulver einnehme, das eine für fremde Keime undurchdringliche Barriere im Darm aufbaut, habe ich auch keine Angst mehr vor Brechdurchfall. Ein besonderes Highlight für die Familie ist eine türkische Telenovela, die jeden Tag zusammen angeschaut wird. Sie heißt „Elif" und ich muss jedes Mal schmunzeln wenn alle gespannt in den Fernseher starren, um ja kein Detail zu verpassen.

Mein Geburtstag

Am 12. Februar ist mein Geburtstag und schon morgens wird mir bewusst, dass wir diesen Tag wohl nur mit Essen und Trinken verbringen werden. Einen Tag vorher habe ich Rotweinkuchen gebacken, was sich aufgrund des Gasofens von Maribel als etwas schwierig herausstellt. Der Kuchen geht nicht richtig auf und ich kann nur hoffen, dass er trotzdem schmecken wird. Vormittags machen sich Rene und Olga mit dem Moped auf den Weg, um eine Torte für mich zu holen und ich muss lachen, als sie zurückkommen und ich Olga sehe, wie sie gekonnt die Torte hinten auf Moped auf der rechten Hand balancierend transportiert. Die Torte besteht aus einer rosa und weißen Creme und schon nur beim Anschauen weiß man, dass sie irrsinnig süß schmeckt. Mit einer rosa Creme wurde „Felicidades Brigi" auf die Torte geschrieben, denn meinen Namen können die Kubaner auch bis heute weder schreiben noch aussprechen. Aber ich freue mich über meine Torte. Als ich Maribel frage, wo Mayito ist, sagt sie, dass die Männer gerade das Schwein für mich schlachten, für meinen Geburtstag. Beim Gedanken daran, wird mir flau im Magen und als ich das Schwein plötzlich in Todesangst schreien höre, möchte ich am liebsten ganz weit weg laufen. Ich weiß, dass ich mich geehrt fühlen müsste, dass extra für mich ein Schwein geschlachtet wird, aber in diesem Moment tut es mir einfach nur unendlich leid und ich verschwinde ins Innere des Hauses, um die Schreie nicht mehr so laut hören zu müssen. Noch gestern habe ich Fotos von den Schweinen im Stall gemacht.

Mittags gibt es Torte, Rotweinkuchen und Ensalada fria, einen Salat aus Spaghetti und einer gefühlten Tonne Mayonnaise, von dem ich nicht viel essen kann, weil mir sonst von der ganzen Mayonnaise schlecht wird. Als am Nachmittag das Telefon klingelt und meine Eltern dran sind, um mir zu gratulieren, freue ich mich riesig ihre Stimmen zu hören. Ich bin beruhigt als meine Mama sagt, dass es allen gut geht. Für mein Geburtstagsgeschenk hat die Familie zusammengelegt. Es ist in Zellophanpapier verpackt und besteht aus einem kubanischen Parfum, einer Flasche Sekt, kleinen Schoko-Kokos-Pralinen und einem knallroten kleinen Teddybären auf dem „I love you" steht. Ich bin gerührt, weil ich weiß, dass sie nicht viel Geld haben. Am Nachmittag füllt sich das Haus, es kommen Nachbarn vorbei, um mir zu gratulieren und als Maribel den USB-Stick mit den Fotos und Videos aus Deutschland einsteckt, den ich mitgebracht habe, sitzen alle gebannt vor dem Fernseher und man hört nur noch „Mira! Mira! Que lindo es este pais!". Auch meine Arbeit als Katzensitterin habe ich gefilmt und ein Nachbar fragt mich etwas ungläubig, ob ich dafür wirklich Geld bekomme. Er kann es auch kaum glauben, dass die Katzen in Deutschland eigene Toiletten haben und in der Wohnung leben. Auch die Tatsache, dass die Katzen Fleisch aus Dosen bekommen ist für die Kubaner unglaublich. Ich erzähle, dass meine beiden Katzen bei mir im Bett schlafen und schaue in ungläubige Gesichter. Als Mayito und ich an diesem Abend nach einem reichhaltigen Abendessen bestehend aus Schweinefleisch, Potaje, Reis, Yukka, Avocado und frittierten Bananen im Bett liegen sage ich zu ihm „Was für ein schöner Geburtstag!". Er küsst

mich und sagt „Wie schön, dass Du glücklich bist
mein Schatz".

„Ich habe ein Problem mit Dir"

Am nächsten Abend beginnt Mayito, einen Rum nach
dem anderen zu trinken und zuerst denke ich mir nicht
viel dabei. Er trinkt selten denn bei seiner Arbeit als
Busfahrer und dem zum Teil gefährlichen Zustand der
Straßen ist Alkohol verboten. Und schließlich hat er
jetzt Urlaub und soll den auch genießen. Ich merke
jedoch, wie er von Glas zu Glas mir gegenüber immer
komischer wird. Ich überlege die ganze Zeit, ob ich
etwas Falsches gesagt oder getan habe. Als er nach
Mitternacht zu mir ins Bett kommt, frage ich ihn dann
„Sag mal, hast Du heute irgendein Problem mit mir?
Ist irgendwas?" Er antwortet „Ja ich habe ein Problem
mit Dir und Du weißt ganz genau, was los ist!".
„Nein, das weiß ich nicht, sag mir was los ist" antworte ich. Da entgegnet er nur „Das sage ich Dir wenn
wir in Havanna sind" und schließt die Augen, um zu
schlafen. Ich dagegen kann die halbe Nacht nicht
schlafen. Ich überlege fieberhaft, was ich falsch gemacht habe und immer wieder laufen mir vor Wut
Tränen über die Wangen. Er schnarcht und ich
schimpfe vor mich hin und heule. Morgens stehe ich
bereits vor 5 Uhr auf, einerseits weil wir ja bald abgeholt werden von dem Fahrer, der uns zum Flughafen
bringt, andererseits weil ich sowieso nicht mehr schlafen kann. Als Maribel mein verheultes Gesicht sieht,
fragt sie mich was los ist und ich erzähle ihr alles. Sie
sagt „Da ist bestimmt der Alkohol schuld, mach Dir
keine Sorgen. Du wirst sehen, heute ist wieder alles

gut". Als Mayito aufsteht, staune ich nicht schlecht als er mich umarmt und mir alles Gute zum Valentinstag wünscht. Ich bin sauer und frage ihn was das eigentlich alles soll und ob ihm überhaupt klar ist, dass ich die ganze Nacht nicht schlafen konnte wegen ihm. Er kann sich tatsächlich an nichts mehr erinnern und versichert mir, dass alles in Ordnung ist und er natürlich kein Problem mit mir hat. Als unser Fahrer vor dem Haus ankommt und kurz hupt wird mir bewusst, dass wir uns jetzt verabschieden müssen und ich bin traurig. Maribel laufen die Tränen übers Gesicht und da kann ich meine Tränen auch nicht mehr zurückhalten. Ich umarme sie fest und bedanke mich für die schöne Zeit hier. Auch von Olga, Hebert und Rene verabschiede ich mich und als wir losfahren winken wir uns noch zu, bis wir uns nicht mehr sehen. Mayito sagt zu mir „Du hast das Herz meiner Familie geraubt. Sie lieben Dich sehr". Als wir am Flughafen angekommen sind halte ich ihm jedoch erstmal einen Vortrag, dass er so etwas wie gestern nie mehr machen darf und ich merke ihm an, wie unangenehm es ihm ist, dass er sich an alles, was er zu mir gesagt hat und wie er sich benommen hat, nicht mehr erinnern kann. „Ab jetzt herrscht absolutes Rum-Verbot" sage ich ihm mit einem Augenzwinkern, worauf er laut lachen muss.

Als wir in Havanna landen sagt Mayito, dass ich am Flughafen warten soll, da er das Auto holen will, das bei seiner Mama steht und er mich dann hier abholt um zu unserer Wohnung in Havanna in der Calle Galiano zu fahren. Ich suche mir vor dem Flughafengebäude ein schattiges Plätzchen und warte …..und warte….. und warte. Nach fast zwei Stunden sehe ich ihn dann endlich, doch er sieht alles andere als glücklich aus. „Was ist los? Wo ist Dein Auto?". Zerknirscht antwortet er mir „Ich habe den Autoschlüssel in meinem Rucksack. Und den Rucksack habe ich nicht mitgenommen!" Ich muss lachen und schlage vor, dass wir uns ein Taxi nehmen bis zum Haus seiner Mama und dann einfach das Auto holen."

Als wir dann nach weiteren zwei Stunden endlich bei unserer Wohnung ankommen, bin ich begeistert. Die Wohnung ist riesig und auf dem Balkon hat man direkten Blick auf den Malecón und das Meer. Wir erledigen die Formalitäten mit Greter und Henry, die uns den Schlüssel übergeben und alles erklären. Anschließend machen wir noch eine Spritztour mit dem Auto durch Havanna und am Malecón entlang. Mayito muss tanken. An den ersten zwei Tankstellen winkt uns ein Tankstellenwart gleich weiter mit den Worten „No hay", heute gibt es kein Benzin. An der dritten Tankstelle haben wir Glück und bekommen Benzin.

Am nächsten Vormittag fahren wir zum Einkaufen. Bevor Janina ankommt, möchte ich auf jeden Fall noch Obst und Milch einkaufen, flüssige Milch und kein Milchpulver. Auf einem Obst- und Gemüsemarkt in der Nähe kaufen wir verschiedene Früchte. Flüssige Milch zu bekommen ist hingegen etwas schwieriger. Wo ich in Deutschland schon lange mit der Suche aufgegeben hätte, bin ich in Kuba auch noch nach dem dritten Supermarkt ohne Milch höchst motiviert und mein Durchhaltevermögen zahlt sich aus, denn im vierten Supermarkt bekommen wir dann flüssige Milch, Ein Liter kostet 2,40 Euro. Das können sich die wenigsten Kubaner leisten.

Den Nachmittag verbringen wir im Haus von Mayito's Mama. Wir sitzen auf der Terrasse und unterhalten uns über unsere Woche auf der Isla. Nachmittags hat Mayito die Idee, seine Schwester Caridad und ihren Mann Jose mit nach Havanna in unsere Wohnung zu nehmen, um den Abend zusammen zu verbringen. Ich kläre dann kurz per sms ab, ob es in Ordnung wäre, wenn die beiden bei uns übernachten können. Caridad und Jose freuen sich, als ich ihnen sage, dass sie mitkommen können und nachdem sich Caridad geduscht hat, fahren wir los. Unterwegs besorgen wir noch eine Flasche Rum und Cola, weil wir uns Cuba Libre machen wollen und eine Familienpizza. Wir verbringen einen tollen Abend zusammen, essen Pizza, trinken Cuba Libre, schauen zusammen fern und tanzen Salsa. Am nächsten Morgen bringt Mayito die beiden zurück nach Boyeros und ich entschließe mich in der Wohnung zu bleiben. Heute Abend kommt Janina an und ich will vorher noch ein bisschen aufräumen, Wäsche waschen und relaxen. Ich mache mir etwas Sorgen um Janina, denn sie hat mir eine sms geschrieben, dass sie krank ist und mit Fieber, Husten und Schnupfen fliegen muss.

Janina kommt

Mayito kommt ziemlich spät und ich sage ihm, dass ich vor Hunger sterbe und ich unbedingt noch etwas essen muss, bevor wir zum Flughafen fahren. „No te preocupes amor" sagt er und setzt sich vor den Fernseher. Immer wenn er sagt „Mach Dir keine Sorgen!" mache ich mir erst Recht Sorgen. Wenn er sich erstmal vor dem Fernseher niedergelassen hat, ist es schwer, ihn wieder davon wegzubekommen. Um 20 Uhr ist dann mein Hunger so groß, dass ich den Fernseher einfach ausschalte und ihm zu verstehen gebe, dass ich halb am verhungern bin und ich etwas Essbares brauche. Es dauert dann noch eine weitere halbe Stunde, bis wir endlich loskommen. Auf dem Weg zum Flughafen halten wir bei einer kleinen Seitenstraße, in der es unzählige Stände gibt, an denen Essen angeboten wird und wir bestellen uns je eine Portion Schweinefleisch, Reis mit Bohnen und frittierte Bananen. Wir kommen so spät am Flughafen an, dass auf der Anzeigetafel der Ankünfte steht, dass das Flugzeug aus Toronto bereits gelandet ist. Da die Schlange der Wartenden vor der Geldwechselstube irrsinnig lang ist, bitte ich Mayito, sich schon einmal anzustellen, damit Janina nicht so lange warten muss, denn sie ist sicher k.o. nach dem langen Flug und krank ist sie ja zudem auch noch. Es dauert noch eine gefühlte Ewigkeit bis die Schiebetür, die den Saal mit den Gepäckbändern mit der Ankunftshalle verbindet sich endlich öffnet und ich Janina sehe. Ich umarme sie und begrüße sie „Bienvenido a la Habana". Nach dem Geldwechseln machen wir uns auf den Weg zur Wohnung und halten unterwegs noch einige Male an, da wir ein paar Dosen Willkommensbier kaufen wollen, was uns aber nicht gelingt. Heute gibt es nirgends Bier und so beschließen wir, noch die Flasche Sekt zu öffnen, die ich zu meinem Geburtstag bekommen habe.

Am nächsten Tag wollen wir zu Mayito's Mama fahren. Janina hat ja einen Koffer voller Geschenke für die Familie mitgebracht, die wir verteilen wollen. Da Janina selbst immer nur mit Handgepäck verreist, hat sie sich bereit erklärt die ganze Kleidung, Armbanduhren, Schmuck und viele andere gebrauchte Dinge mitzunehmen. Als wir uns ins Auto setzen und Mayito starten will, bemerken wir mit Schrecken, dass das Auto nicht starten will. Wir rätseln, ob es die Batterie ist oder etwas anderes. Als Mayito die Motorhaube öffnet, versammeln sich nach einiger Zeit immer mehr Männer um das Auto und sie diskutieren, was schuld sein kann. Janina und ich setzen uns auf den Randstein und warten. Nach einigen Diskussionen nimmt Mayito einen Benzinkanister und geht einfach, ohne uns weiter zu erklären, was er nun vorhat. Da ich das Gefühl habe, das wir hier noch etwas länger warten werden gehe ich in den Supermarkt, um noch eine Flasche Rum zu besorgen, damit wir uns später noch einen Cuba Libre machen können. Janina wartet inzwischen beim Auto, da es ja nicht verschlossen ist und Mayito den Schlüssel mitgenommen hat.

Nach über einer Stunde kommt er zurück mit einem gefüllten Kanister. Ich kann mir im Moment schwer vorstellen, dass wir es heute noch schaffen, hier weg zu kommen, doch nach einer weiteren halben Stunde schaffen die Männer es doch tatsächlich, das Auto zum Laufen zu bringen. Als wir in Boyeros am Haus ankommen, steigt Jose ins Auto und wir fahren erst einmal einkaufen fürs Mittagessen. Wir kaufen Salat, Gemüse und fettige Schweineschwarten. Diese werden in Fett ausgebacken und solange frittiert, bis sie knusprig sind. Sie werden in Kuba Chicharrones genannt. Als wir von unserem Einkauf zurückkehren, ist Caridad schon dabei, Potaje und Hühnchen zu kochen. Da ich aus Deutschland einen Kartoffelschäler mitgebracht habe und man den auch perfekt dafür verwenden kann, Kochbananen in Scheiben zu schneiden, um sie zu frittieren, zeige ich Jose kurz wie es funktioniert und überlasse ihm seinem Schicksal. Er kommt damit nicht besonders gut klar und verwendet dann doch lieber wie gewohnt ein Messer. Zum Probieren habe ich Blaukraut im Beutel mitgebracht, das man nur im Topf erwärmen muss. Ich bin gespannt wie es den Kubanern schmeckt. Mayito schmeckt es ganz gut aber Jose verzieht nur das Gesicht, ihm schmeckt es überhaut nicht.

Nach dem Essen setzen wir uns alle auf die Terrasse und öffnen den Koffer. Was für eine Freude ist es, Margarita, der Mama von Mayito und Caridad dabei zuzusehen, wie sie den Koffer auspacken und sich über die mitgebrachten Sachen freuen.

Am nächsten Tag will ich Janina die Altstadt von Havanna zeigen und Mayito fährt uns mit dem Auto. Er selbst möchte nicht mitkommen, denn gerade in der Altstadt kann es passieren, dass wenn die Polizei einen Kubaner mit zwei Touristinnen sieht, er immer wieder angesprochen wird und sich ausweisen muss. Darauf hat er keine Lust und ich kann das gut verstehen. Ein weiterer Grund ist natürlich auch, dass er während unserer Abwesenheit ungestört fernsehen kann.

Am Plaza Vieja kaufen wir uns frische Kokosnuss und schlendern durch die Straßen. Wir gehen in einige Geschäfte und auf einen kleinen Souvenirmarkt, wo Janina ein T-Shirt von Che Guevara kauft für den Sohn ihrer Freundin. In einer Bar, in der Lifemusik gespielt wird bestellen wir uns gekühlte Getränke und ein Thunfischsandwich. Am Nebentisch sitzt ein Kubaner, der Zigarre raucht und der Zigarrenrauch steigt uns in die Nase. Obwohl ich noch nicht allzu oft hier war bin ich dennoch stolz, Janina mein geliebtes Havanna zeigen zu können und hoffe, dass sie es genauso genießen kann wie ich. Immer wieder bin ich beeindruckt von den prächtigen Bauwerken in Havanna, die an Schönheit kaum zu überbieten sind und im Gegensatz dazu die verfallenen Häuser, für die eben kein Geld da ist, um sie zu restaurieren. Selten hat mich ein Land so berührt wie Kuba. Und selten hat mich ein Land so viel gelehrt wie dieses. Kuba hat mich gelehrt zu warten, zu improvisieren und glücklich zu sein. Immer wieder erzähle ich Janina, wie Kuba mein Leben verändert hat. Ich habe hier so wunderbare Menschen kennengelernt, die trotz der vielen Entbehrungen, ihr Leben so lebensfroh meistern. Wenn auch heute die Regale im Supermarkt leer sind, dann sind sie vielleicht morgen wieder voll oder man versucht eben in einem anderen Supermarkt sein Glück. Kommt der Bus schon seit einer halben Stunde nicht so kann es sicher nicht mehr lange dauern, bis einer kommt. Vielleicht kommt aber heute auch keiner mehr. Mir ist auch klar, dass es in einem Land wie in

Deutschland kaum möglich ist, so entspannt zu bleiben, dennoch denke ich, dass sich jeder nur ein klitzekleines Scheibchen von den Kubanern abschneiden könnte.

Janina und ich bummeln weiter durch die Stadt, gehen am Malecón entlang zurück zur Calle Galiano, wo unsere Wohnung ist. Mayito sagt, dass heute Abend ein Arbeitskollege vorbeikommen wird und Janina ist erst alles andere als begeistert, denn sie fühlt sich nicht gut und will sich erst einmal hinlegen. Auch ich mache mir etwas Sorgen, als ich ein erstes Halskratzen bemerke. Hoffentlich werde ich nicht auch noch krank.

Am Abend kommt Mayito's Arbeitskollege vorbei. Er sieht jung aus, ich schätze ihn auf vielleicht dreiundzwanzig aber wir erfahren dann, dass er bereits fünfunddreißig ist. Alle nennen ihn nur Chino, da sein Vater Kubaner ist, seine Mutter aber aus China kommt. Er bleibt den ganzen Abend und die Männer trinken ein Bier nach dem anderen. Ich beobachte Chino, wie er Janina immer wieder lange anlächelt und sie anflirtet. Morgen starten wir ja ganz früh unseren Ausflug nach Viñales und Mayito macht mit Chino aus, wann er uns abholen soll. Er wird uns zur Viazul-Station bringen, von wo aus unser Bus startet. Ich habe ja alles schon vor Monaten reserviert und freue mich sehr auf Viñales, denn die Natur dort ist einfach nur atemberaubend schön.

Viñales – oder doch nicht?

Am Morgen stehen wir früh auf und nach Kaffee, Zigarette und Frühstück werden wir von Chino abgeholt. An der Viazul-Station gehe ich mit Mayito zum Schalter und zeige meinen Ausdruck aus dem Internet vor. Der Mann am Schalter gibt uns zu verstehen, dass wir die Tickets jetzt noch nicht bekommen, weil unser Bus erst mit über zwei Stunden Verspätung abfahren wird. Das kann doch nicht wahr sein! Wir setzen uns in den Wartebereich und diskutieren, ob wir den Ausflug nicht einfach sein lassen soll, aber ehrlich gesagt habe ich mich so sehr darauf gefreut, dass ich Janina und Mayito überrede zu warten. Als wir plötzlich bemerken, dass sich vor dem Ausgang, der zu den abfahrenden Bussen führt, eine Schlange bildet und wir mitbekommen, dass die nächste Fahrt nach Viñales gehen soll werde ich sauer. Mit meinem Ausdruck gehe ich ein weiteres Mal zum Schalter und frage den Mann dort, was das eigentlich soll und dass wir sofort ein Ticket für unsere gebuchte Fahrt nach Vinales haben wollen. Ich bin erstaunt, wie gut ich schon auf Spanisch schimpfen kann. Als er dann sagt, dass in dem Bus nach Viñales keine Plätze mehr frei sind habe ich große Lust einfach zuzuschlagen, mitten in sein blödes Gesicht und ihn anzuschreien. Ich sage ihm, dass das nicht sein kann, dass ich die Plätze schon vor Monaten reserviert habe. Er winkt jedoch ab und sagt, ich soll mich hinsetzen und weiter warten. Ich koche vor Wut und sehe wie die Warteschlange für den Bus nach Viañles immer länger wird.

Als bereits fast alle Passagiere zugestiegen sind und kaum noch freie Plätze zu sehen ist winkt mich der Mann plötzlich zum Schalter und sagt, dass wir jetzt doch noch mitfahren können. Und so ergattern wir noch die letzten Plätze im Bus.

Mit einer kurzen Pause in Las Terrazas kommen wir nach fast fünf Stunden endlich in Viñales an. Es ist unfassbar heiß und mir geht es gar nicht gut. Mein Kreislauf spielt verrückt und ich habe das Gefühl, eine Erkältung zu bekommen. Wir schleppen uns durch die Hitze und suchen unsere Unterkunft „Villa Nelffis" Nach einmal Verlaufen und zweimal Fragen finden wir sie endlich und werden herzlich von Nelffis begrüßt. Unsere Zimmer sind sehr schön. Da wir morgen eine Wanderung durch das Viñales-Tal machen wollen fragen wir Nelffis, ob sie etwas für uns organisieren kann. Sie telefoniert und sagt uns, dass wir morgen um 9 Uhr abgeholt werden. Da Janina sich immer noch schwach fühlt und es mir auch nicht besonders gut geht, beschließen wir am Abend bei Nelffis zu essen und früh ins Bett zu gehen. Vorher machen wir aber noch einen kleinen Rundgang durch das Zentrum von Viñales. Es sind viele Touristen unterwegs und so herrscht ein reges Treiben auf der Straße. Um 19 Uhr tischt Nelffis das Abendessen auf. Es gibt Potaje, Reis, Hühnchen und Fisch, frittierte Bananen, Süßkartoffeln und Yukka und es schmeckt umwerfend gut. Als Nachspeise bekommen wir noch einen kubanischen Flan, eine Art Karamellpudding. Nach dem Essen fühle ich mich so schlecht und schlapp, dass ich beschließe nur noch zu duschen und dann ins Bett zu gehen. Mayito tut mir leid, denn es gibt keinen Fernseher in unserem Zimmer und alleine in die Stadt mag er auch nicht gehen. So legt er sich ins Bett neben mich und versucht auch zu schlafen. Ich bin mir inzwischen sicher, dass eine Erkältung nicht mehr abzuwenden ist und hoffe nur, dass ich die Wanderung durch das Viñales-Tal morgen irgendwie durchstehe.

Am nächsten Morgen geht es mir einigermaßen gut und so werden wir nach dem Frühstück von einem Kubaner abgeholt, der uns zum Startpunkt des Ausfluges am Rande des Tals bringt. Er verabschiedet sich und sagt, dass wir uns hier einer Gruppe anschließen und auf unsere Guia warten sollen, die dann die Wanderung begleitet. Zuerst wird uns von einem Tabakbauern die Herstellung von Zigarren erklärt. Wir erfahren alles zum Aussähen der Tabaksamen, vom Trocknen der Tabakpflanzen in den Trockenhäusern bis zum endgültigen Rollen der Zigarren und dürfen natürlich auch eine Zigarre probieren. Wir lernen Yanelis kennen, eine Kubanerin, die uns auf der Wanderung begleiten wird. Nur Mayito, Janina und ich machen uns zusammen mit ihr auf den Weg. Der Rest der Gruppe schließt sich einem anderen Wanderführer an. Wir wandern durch das wunderschöne Tal auf rotbrauner Erde gesäumt vom satten Grün der Pflanzen, den strahlend blauen Himmel über uns. Das Viñales-Tal ist atemberaubend schön und Yanelis erklärt uns viel über die Pflanzen und den Anbau verschiedener Gemüsesorten im Tal. Wir bewundern Ananaspflanzen und erfahren wie Kaffee angebaut und verarbeitet wird und wie eine Zuckerrohrmaschine funktioniert. Zur Erfrischung und Stärkung bekommen wir frisches Kokoswasser. Ein Highlight für mich ist die Erkundung einer Höhle. Wir werden mit Taschenlampen ausgerüstet und ich bin froh, dass ich gute Schuhe anhabe, denn zum Teil sind die Felsen in der Höhle ziemlich rutschig. An einigen Stellen müssen wir uns ducken oder können nur seitwärts gehen, da die Höhle teilweise sehr eng und niedrig ist. Mayito ist mit Flip Flops unterwegs und ich bin erstaunt, wie gut er die Wanderung durch die Höhle meistert. Als ich ihn frage, warum er nicht seine Turnschuhe angezogen hat, sagt er nur „Wieso? Ich will doch meine Turnschuhe nicht schmutzig machen!". Ich merke gar nicht wie die Zeit vergeht und als wir nach fünf Stunden wieder am Rand des Tals ankommen sagt Yanelis, dass wir nun sechzehn Kilometer gewandert sind. Wir können es kaum glauben. Wir bedanken uns bei ihr, bezahlen sie und treten den Rückweg zu unserer Casa an. Erst jetzt merke ich, dass ich ziemlich k.o. bin. Aber es hat sich gelohnt. Es war eine wunderschöne und abwechslungsreiche Wanderung.

Da mein Husten immer schlimmer wird und Janina inzwischen starke Ohrenschmerzen hat, suchen wir eine Apotheke. Janina hat Glück und bekommt Ohrentropfen aber für meinen Husten gibt es lediglich Aloesaft. Nach einer ausgiebigen Dusche und einem leckeren Abendessen bei Nelffis lassen wir den letzten Abend in Viñales bei einem Mojito ausklingen, den man aber leider kaum trinken kann, da er fast ausschließlich aus Rum besteht.

Als wir am nächsten Nachmittag in Havanna ankommen werden wir von Chino abgeholt, der uns zurück in unsere Wohnung in der Calle Galiano bringt. Janina und Chino freuen sich sichtlich, sich wiederzusehen. Wir verbringen den Abend zusammen und gehen in ein Buffet-Restaurant direkt am Malecón, in dem man für zehn CUC pro Person so viel essen kann wie man will. Die Auswahl ist riesig es schmeckt sehr gut.

Da Mayito keinen Reisepass hat, gehen wir am nächsten Tag zusammen auf das zuständige Amt und beantragen einen Pass. Die Beantragung kostet stolze 100 CUC. Den Kubanern wird es wirklich alles andere als leicht gemacht, zu reisen. Anschließend gehe ich mit Mayito die Formulare für den Antrag des Schengen-Visums durch und markiere ihm die Stellen, die er noch ausfüllen muss. Die restlichen Dokumente, wie die Verpflichtungserklärung und die Krankenversicherung muss ich ihm aus Deutschland schicken.

Die Freude ist groß, als Chino Janina fragt, ob sie Lust hat ihn am nächsten Tag nach Varadero zu begleiten. Er muss einen Transfer vom Flughafen in Havanna nach Varadero machen und freut sich, als Janina zusagt. Chino und Mayito reden über die Pläne für den morgigen Tag, über Uhrzeiten und wann wer wo losfährt. Ich verstehe nur Bahnhof und frage nach, da weder Janina verstanden hat, wann und wo sie abgeholt wird noch ich kapiert habe, was wir morgen wann machen. Manchmal fällt es mir einfach schwer, Mayito zu verstehen und er vergisst dabei allzu oft, dass Spanisch nun einmal nicht meine Muttersprache ist und ich im Prinzip nicht viel mehr als den Grundwortschatz verstehe. Er erklärt mir alles noch einmal, doch leider verstehe ich ihn wieder nicht und sehe ihn fragend an „Por favor otra vez porque no entiendo nada" sage ich zu ihm und da wird er plötzlich unfreundlich. „Wie oft soll ich es Dir denn jetzt noch erklären" schnauzt er mich an und da raste ich aus und schnauze zurück „Rede doch einfach Deutsch mit mir, denn dann verstehe ich auch alles. Dir ist doch gar nicht bewusst, wie sehr ich mich anstrengen muss, um Euch Kubaner zu verstehen!". Ich drehe mich um und gehe auf den Balkon und Janina folgt mir wortlos. Die nächsten Stunden reden Mayito und ich kein einziges Wort miteinander und irgendwann mische ich mir einen Cuba Libre und setze mich schweigend neben ihn bis er meine Hand nimmt und sich entschuldigt.

Tante Marta's 90. Geburtstag

Der Plan für heute ist, dass Janina gegen Mittag von Chino abgeholt wird und nach Varadero mitfährt und Mayito und ich zu Tante Marta fahren. Sie hat heute Geburtstag. Da wir nichts mehr zu essen haben, gehen wir vorher noch in den Supermarkt in der Nähe und wollen Brot und Schinken kaufen. Die Schlange vor der Wurst- und Fleischtheke ist lang und der Grund dafür ist, dass es heute Käse gibt. Ein großes Stück Gouda liegt in der Auslagefläche und wenn wir Glück haben dann bekommen wir auch noch ein kleines Stück wenn wir dran sind. Ich werde nachdenklich und habe die Käseauswahl in Deutschland vor Augen. Uns ist gar nicht bewusst, in welchem Überfluss wir leben. Für uns ist die riesige Käseauswahl selbstverständlich und wir sind sauer, wenn es unseren Lieblings-Camembert an einem Tag mal nicht gibt. Wir haben Glück, bekommen noch Käse und lassen uns unser kubanisches Schinken-Käse-Sandwich schmecken.

Mittags wird Janina wie vereinbart abgeholt und mein Tiger und ich machen uns auf den Weg nach Boyeros, wo seine Tante Marta wohnt. Erst kurzfristig bekomme ich mit, dass heute ihr 90. Geburtstag ist. Unterwegs holen wir Prisco und noch zwei Torten ab. Etwas später erfahre ich, dass Tante Marta mit ihrer Tochter eigentlich in Kanada lebt, aber immer wieder in Kuba nach dem rechten sieht. Als ich sie frage, wo in Kanada sie lebt, schüttelt sie den Kopf und sagt „Oh ich weiß gar nicht genau, wie die Stadt heißt.". Ich muss lachen. Sie nimmt das Telefon und ruft ihre Tochter an, um zu fragen und sagt mir dann, dass sie in Halifax wohnt. Nach und nach füllt sich das Haus immer mehr mit Geburtstagsgästen. Ich lerne Cousinen, Neffen und Nachbarn kennen und fühle mich sehr wohl bei Tante Marta's Geburtstagsfeier. Wir essen Hühnchen mit Congris und als Nachspeise Torte. Leider wird mein Husten immer schlimmer und so beschließen Mayito und ich am Nachmittag zurück in unsere Wohnung zu fahren. Packen muss ich ja auch noch, denn morgen geht es schon zurück nach Deutschland.

Janina kommt ziemlich spät zurück aus Varadero und auch ihr geht es nicht gut. Mayito kocht uns heißes Wasser und bringt uns ein Handtuch. Er holt sich ein Hustenbonbon aus meinem Rucksack, wickelt es aus dem Papier und wirft es in das heiße Wasser. Wir sollen inhalieren. Na ob das was bringt? Die letzte

Nacht kann ich kaum schlafen, da ich fast durchgehend husten muss.

Unser Abschied am Flughafen ist tränenreich und traurig. Von Mal zu Mal werden unsere Verabschiedungen schwerer und am liebsten würde ich ihn einpacken und mitnehmen. Wieder einmal war es eine wunderschöne Zeit auf Kuba und ich habe mich an seiner Seite wohl und glücklich gefühlt.

In Toronto kaufe ich mir einen Hustenstiller in der Hoffnung, dass mein Husten so etwas unterdrückt werden kann, damit ich den Weiterflug nach München etwas entspannter erleben kann. Leider bringt auch der Hustenstiller nur sehr wenig und so huste ich fast durchgehend bis zu unserer Landung in München.

Kapitel IV

Que catarro!

In München habe ich die ersten Wochen nach meiner
Rückkehr mit einer Erkältung zu kämpfen, wie ich
noch nie vorher eine hatte. Ich fühle mich schrecklich
und mein Husten wird von Tag zu Tag schlimmer.
Erst als ich vom Arzt Kodeintropfen verschrieben
bekomme, kann ich nachts endlich wieder durchschla-
fen. Ich vermisse meinen Tiger sehr und gottseidank
habe ich ein T-Shirt von ihm mitgenommen, das ich
immer noch nicht gewaschen habe. Der Geruch ist
schon verblasst aber solange auch nur ein Hauch seines Duftes an dem Shirt ist, werde ich es nicht waschen. Wie ein Teenager komme ich mir vor und muss
oft über mich selber lachen.

Vorbereitungen für das Visum

Da ich für Mayito einen Termin bei der Deutschen
Botschaft in Havanna am 15. Mai ergattern konnte
beginne ich Anfang April mit dem Zusammenstellen
der benötigten Unterlagen. Beim ADAC schließe ich
eine Krankenversicherung ab, eine so genannte Inco-
ming-Versicherung mit integrierter Haftpflichtversi-
cherung. Die Krankenversicherung ist zwingend notwendig für die Erteilung eines Schengen-Visums. Ich
schließe die Versicherung für den kompletten Monat
Juli ab und erfahre, dass ich im Falle der Abweisung,
den gezahlten Betrag abzüglich Bearbeitungskosten
von acht Euro zurückerstattet bekomme. Anfang April
vereinbare ich einen Termin bei der Ausländerbehörde

im Kreisverwaltungsreferat aus um eine Verpflichtungserklärung zu machen.

Da der Versand von Dokumenten nach Kuba über sechzig Euro kostet, suche im Internet nach Personen, die zeitnah nach Kuba fliegen und mir die Dokumente mitnehmen können. Ich habe Glück und finde jemanden und auch die Übergabe vor Ort klappt perfekt. In dem Kuvert befindet sich auch eine Liste, die ich für Mayito angefertigt habe mit allen benötigten Unterlagen, um die er sich noch kümmern muss. Je mehr Unterlagen er hat, um seine Rückkehrbereitschaft zu belegen, desto besser stehen unsere Chancen auf die Erteilung eines Visums.

Leider habe ich in letzter Zeit immer wieder gelesen, dass viele Kubaner abgewiesen werden und nicht reisen können. Ich bin hin- und hergerissen und kann schlecht einschätzen, wie unsere Chancen stehen. Neben den zwingend notwendigen Unterlagen hat Mayito in der Zwischenzeit eine Bescheinigung seines Arbeitsgebers erhalten, die bestätigt, dass er auch nach seiner Rückkehr weiterhin dort beschäftigt ist, wie lange er schon bei Transtur arbeitet und wie hoch sein Verdienst ist. Auch ein Dokument über seine Wohnung und über das Eigentum seines Autos hat er vorbereitet. Passfotos und benötigte Kopien sind bereits angefertigt. Je näher der Termin bei der Botschaft rückt, desto nervöser werde ich. Es wäre so toll, ihm meine Heimat und mein Leben zeigen zu können und es wäre seine erste Reise im Leben.

Seite einigen Wochen hat er ja auch endlich eine E-Mail-Adresse, über die es uns möglich ist täglich zu schreiben, ohne dass er sich einen Hotspot für das Internet zu suchen, sondern er lediglich Verbindung zum Mobilnetz in Kuba braucht. Im Vergleich zu den spärlichen Nachrichten per sms alle drei Tage ist das purer Luxus und wir schreiben uns täglich ellenlange Mails. Wie sehr habe ich mir das schon seit Monaten gewünscht. Manche Dinge brauchen einfach seine Zeit, gerade wenn es um Kuba geht.

Der Termin bei der Botschaft

Am 15. Mai um 9.30 Uhr kubanischer Zeit sitze ich auf meiner Couch und meine Nerven sind zum Zerreißen gespannt. Immer wieder checke ich meine E-Mails und warte auf Nachricht. Was werden sie ihn fragen? Was wird er sagen? Bekommt er die Entscheidung gleich mitgeteilt?

Als ich eineinhalb Stunden später immer noch nichts gehört habe schicke ich eine sms und frage nach, was los ist. Endlich weitere fünfzehn Minuten später sehe ich eine E-Mail in meinem Posteingang. Ich traue mich kaum, sie zu öffnen. Beim Lesen bin ich einerseits erleichtert und andererseits enttäuscht. Er schreibt, dass der Termin gut gelaufen ist, er die endgültige Entscheidung aber erst in einer Woche bekommt. So ein Mist! Noch eine Woche mit dieser Ungewissheit. Bei dem Interview in der Botschaft wurde er ausgequetscht wie eine Zitrone und mit Fragen gelöchert. Sie wollten wissen, wie lange er mich schon kennt, wie wir uns kennengelernt haben, wie oft ich schon in Kuba war, ob wir heiraten wollen und ob er in Deutschland leben will. Meiner Meinung nach hat er sehr gut und ehrlich geantwortet. Er erzählte, wie wir uns kennengelernt haben, dass ich schon dreimal in Kuba war, wir aber noch nicht übers Heiraten gesprochen haben und er nicht in Deutschland leben will, da er sein Leben auf Kuba hat, seine Arbeit, seine Wohnung und seine Familie. Und so hoffen wir, dass er mit seinen Antworten seine Rückkehrbereitschaft zufriedenstellend belegen konnte.

Am 22. Mai um 15 Uhr kubanischer Zeit hat er den Termin bei der Deutschen Botschaft, bei dem er die Entscheidung mitgeteilt bekommt. Die Woche zieht sich wie Kaugummi und ich kann es nicht mehr abwarten, endlich zu erfahren, ob Mayito nach Deutschland kommen kann oder nicht. So bin ich an diesem Morgen schon nach dem Aufstehen nervös und kann mich in der Arbeit kaum konzentrieren. Am Nachmittag schreibe ich Mayito noch eine sms, um ihn zu erinnern, dass er mir sofort schreiben soll, wenn er etwas weiß. Um 21 Uhr sitze ich auf der Couch mit meinem Handy in der Hand und ich habe Magenschmerzen. Ich will gar nicht daran denken, dass die Nachricht der Botschaft negativ ausfallen könnte. Es muss einfach klappen! Um 22 Uhr sitze ich immer noch da mit meinem Handy in der Hand. Immer wieder aktualisiere ich meinen E-Mail-Account. Inzwischen ist es 16 Uhr in Havanna und der Termin müsste schon lange vorbei sein. Es kann doch unmöglich so lange dauern, ein Ja oder ein Nein zu bekommen…

Um 22.15 Uhr kommt sie endlich, die E-Mail von Mayito. Ich öffne sie und beginne zu lesen. „Mein Schatz, der Termin ist vorbei und ich kann Dir die freudige Nachricht überbringen, dass ich ein JA bekommen habe. Ich kann nach Deutschland kommen. Ich habe das Visum!". Ich schreie und lache und hüpfe im Wohnzimmer hin und her. Wir haben es tatsächlich geschafft. Ich zögere nicht lange und rufe ihn an, ich kann nicht anders, ich muss seine Stimme hören. Wir lachen beide und er erzählt kurz, wie der Termin abgelaufen ist. Dann schreibe ich erstmal allen meinen Freundinnen eine Nachricht, dass es geklappt hat und rufe meine Mama an, um auch ihr die Nachricht mitzuteilen. Was für eine Freude. Noch am selben Abend buche ich den Flug für Mayito. Leider bekomme ich ihn nicht mehr ganz so günstig, wie er noch vor einigen Wochen gewesen wäre, aber egal, hauptsache er kommt. Glücklich und k.o. schlafe ich an diesem Abend ein und träume von der bevorstehenden Zeit mit meinem Tiger in Deutschland.

Mein Papa muss ins Krankenhaus

In den kommenden Wochen plane ich, was wir so alles machen könnten, schließlich soll er ja so viel wie möglich sehen, ohne dass es zu stressig wird. An dem Wochenende zwei Wochen vor Mayito's Ankunft geht es meinem Vater so schlecht, dass wir zweimal den Notarzt anrufen müssen. Er hat starke Schmerzen im Rücken und die Spritzen, die der Notarzt verabreicht helfen nur mäßig. Als seine Schmerzen auch am Montag nicht besser werden entscheiden meine Mutter und ich zu unserer Hausärztin zu gehen, um sie um eine Einweisung ins Krankenhaus für meinen Vater zu bitten. Er muss dringend untersucht werden, um herauszufinden, woher die Schmerzen kommen. Bereits eine Stunde nachdem wir die Einweisung erhalten haben, klingeln die Sanitäter, die meinen Vater ins Krankenhaus bringen. Wir haben gerade genug Zeit gehabt, alles Nötige zusammenzupacken. Meine Mama und ich fahren im Rettungswagen mit, um meinem Vater im Krankenhaus zur Seite zu stehen. Dort hat er erst einmal etliche Untersuchungen und ehe er endlich sein Zimmer bekommt vergehen fünf Stunden. Nach einigen Tagen erfahren wir, dass die Schmerzen von einem angebrochenen Wirbel im Rücken kommen. Leider kann dieser Bruch nicht operiert werden, da die Herzklappe meines Vaters nicht mehr richtig funktioniert und somit die Operation zu gefährlich wäre. Er bekommt ein Korsett verordnet, das er stets tragen soll, sobald er das Bett verlässt. Ich besuche meinen Vater fast jeden Tag und hoffe, dass er bald nach Hause kommt. Doch plötzlich verschlechtert sich sein Zustand und er isst kaum noch etwas. Sobald er einen Bissen zu sich nimmt, wird ihm schlecht und er muss sich übergeben. Wir machen uns Sorgen und er tut uns einfach nur leid.

Inzwischen hat mein Bruder uns mitgeteilt, dass er am 4. Juli heiraten wird. Am 3. Juli landet Mayito. Also wird er mitkommen zur Hochzeit. Ich schreibe ihm, dass er eine ordentliche Hose und Schuhe mitnehmen soll, damit er auf der Hochzeit schön angezogen ist. Er liebt Jogginghosen und ich muss gestehen, er sieht darin wirklich umwerfend aus, aber für eine Hochzeit muss er schon eine schöne Hose anziehen und leider an diesem Tag auf seine geliebten Turnschuhe verzichten.

Am Wochenende vor Mayito's Ankunft ist mein Vater immer noch im Krankenhaus. Inzwischen bekommt er eine Antibiose, da man in seinem Urin Blut entdeckt hat und er immer noch nichts essen kann. Das einzige was er ohne größere Probleme zu sich nehmen kann, ist Flüssignahrung. Wir machen uns große Sorgen um ihn und hoffen, dass es ihm bald besser geht und er so schnell wie möglich wieder nach Hause kommt.

In meiner Wohnung treffe ich die letzten Vorbereitungen. Nun dauert es nicht mehr lange, bis Mayito endlich da ist. Ich bin schon sehr aufgeregt und lenke mich ab mit Wohnung putzen, Betten beziehen, staubsaugen und aufräumen. Am Sonntag, einen Tag vor seiner Ankunft backe ich einen Rotweinkuchen.

Noch einmal schlafen

In der Nacht vor seiner Landung kann ich kaum schlafen. Ich bin nervös und voller Vorfreude. Ich starre auf die Uhr wie Minute um Minute vergeht und um 3 Uhr ist an Schlafen immer noch nicht zu denken. Ich aktualisiere alle fünf Minuten den Flight Tracker seines Fluges, mit dem man die bereits zurückgelegten Kilometer vom Abflugort, die verbleibenden Kilometer zum Zielort, die zurückgelegten Flugstunden sowie die Flugstunden ablesen kann, die noch vor ihm liegen. Ich wechsle meine Liegeposition von links nach rechts und rechts nach links und in Gedanken bin ich bei ihm im Flugzeug und ich sehe ihn bildlich vor mir, wie er mit seinem Kopfhörer gespannt und zufrieden einen Film nach dem anderen anschaut. Neben mir höre ich das laute Atmen von meiner Katze Mikesch, ansonsten ist es gespenstisch ruhig in meinem Schlafzimmer und nur mein Smartphone erhellt den Raum. Von 3 Uhr bis 5 Uhr schlafe ich dann doch ein und wache noch vor dem Wecker auf, das Smartphone noch in der rechten Hand. Schnell aktualisiere ich den Flight Tracker; nur noch 7 Stunden und er wird in München landen. Es ist ein unglaubliches Gefühl und ich bin so unendlich dankbar, dass wir es tatsächlich geschafft haben, unseren Traum zu verwirklichen.

Mikesch liegt inzwischen nicht mehr neben mir und ich höre sie und Ronja unruhig in der Wohnung umherlaufen. So ist es immer morgens, wenn die beiden Hunger haben. Ich entschließe mich aufzustehen, nachdem ich noch einmal einen Blick auf den Flight Tracker geworfen habe. Fünfzehn Minuten Verspätung sind angegeben. Das ist nicht der Rede wert. Ich stehe auf und öffne erst einmal die Terrassentür, damit meine beiden Katzen ihren Morgenspaziergang vor dem Frühstück machen können. Ich mache mir einen Kaffee, zünde mir eine Zigarette an und atme die frische Morgenluft tief ein. Mein Herz schlägt schnell und ich fühle mich glücklich. So stehe ich grinsend auf meiner Terrasse, genieße meinen Kaffee, während die Sonne langsam aufgeht und die Vögel schon fleißig zwitschern. Ich fühle mich gerädert, da ich kaum geschlafen habe, doch nach der Dusche bin ich frisch und voller Tatendrang.

Um 9 Uhr mache ich mich mit der S-Bahn auf den Weg zum Flughafen. Ich glaube wenn mich jemand beobachten würde, würde derjenige denken, dass ich Drogen genommen habe, denn ich höre meine spanische Musik in voller Lautstärke und blicke grinsend aus dem Fenster der S-Bahn. Natürlich bin ich viel zu früh am Flughafen aber so ist das bei mir immer. Lieber zu früh als zu spät denke ich mir und rauche eine Zigarette nach der anderen. Als ich auf der Anzeigetafel jedoch sehe, dass sich sein Flug im Anflug befindet, steigt meine Nervosität ins Unendliche. Ich beobachte die Männer, Frauen und Familien, die ebenso auf die Ankunft ihrer Lieben warten und ich kann auch einige Kubaner entdecken, die sich aufgeregt spanisch unterhalten und sicherlich genauso nervös sind wie ich. Und plötzlich ist es soweit. Die Anzeigetafel zeigt „Gelandet" an und ab diesem Zeitpunkt bewege ich mich keinen Meter mehr weg, damit ich ihn ja nicht verpasse. Ich warte und warte und beobachte die angekommenen Reisenden, wie sie ihr Gepäck vom Gepäckband nehmen und schließlich ihren Freunden und Familien, die auf sie warten glücklich in die Arme fallen. Auch nach über einer Stunde Wartezeit stehe ich noch wie angewurzelt da, Mayito ist jedoch nicht in Sicht. Ich fange an, mir Sorgen zu machen. War er überhaupt im Flugzeug? Hat er Probleme bei der Einreise mit dem Visum?

Doch plötzlich entdecke ich ihn! Er holt seinen Koffer vom Gepäckband und geht freundlich lächelnd an den Zollbeamten vorbei, die ihn ohne weitere Kontrolle passieren lassen. Mein ganzer Körper beginnt zu kribbeln, ich habe Bauchschmerzen. Wie gut er aussieht in seiner Adidas-Jogginghose mit passender Jacke. Ich winke ihm zu, er sieht mich und dann endlich umarmen wir uns. Ich will ihn nicht mehr loslassen. Die ganze Anspannung der letzten Monate, Wochen und Stunden fällt plötzlich von mir ab. Es ist ein so unbeschreiblich schönes Gefühl, ihn zu spüren. Mein Tigre ist in Deutschland angekommen.

„Wie war die Reise? Geht es Dir gut? Warum hat die Einreise so lange gedauert? Bist Du müde? Mayito, ich kann Dir gar nicht sagen, wie sehr ich mich freue, dass Du endlich hier bist!". Ich kann nicht mehr aufhören zu reden und er erzählt mir von der Reise, dass alles gut gelaufen ist und er nicht weiß, warum alles so lange gedauert hat.

Nachdem wir noch eine Toilette aufgesucht haben, machen wir uns auf den Weg zur S-Bahn. Die Fahrt dauert etwa fünfundvierzig Minuten und neugierig beobachtet Mayito die Leute in der S-Bahn und sieht gespannt aus dem Fenster. Zu Hause angekommen zeige ich ihm erst einmal meine Wohnung und dann packt er seinen Koffer aus. Er hat frijoles negros (schwarze Bohnen) von seiner Schwester Maribel dabei und drei Riesenmangos, Guavenmarmelade und zwei Packungen von meinem geliebten Parfüm „Mariposa". Wir trinken Kaffee und essen Rotweinkuchen. Um 18 Uhr besuchen wir meine Mama. Sie hat für uns gekocht und es gibt Rinderrouladen mit Spätzle und Blaukraut. Am Abend machen wir es uns auf der Couch gemütlich und ich lege eine DVD ein. Vor einigen Wochen habe ich einige Filme in spanischer Sprache bestellt, von denen auch ein paar 3D-Filme sind. Ich gebe Mayito eine 3D-Brille und sage ihm, dass er sie aufsetzen muss, da der Film, den wir jetzt anschauen dreidimensional ist. Er schaut mich verwirrt an und weiß nicht so recht, was ich von ihm will. Als der Film jedoch beginnt schreit er auf und lacht. „Que cosa rica es eso?" fragt er mich und sagt, dass er solche Brillen kaufen will, um sie mit nach Kuba zu nehmen. Ich erkläre ihm, dass er, um 3D-Filme anschauen zu können einen speziellen Fernseher braucht und dass ihm alleine die Brillen da nicht viel bringen. Ich freue mich, ihn so glücklich zu sehen. Nach dem Film geht er duschen und nachdem er fertig ist und ich das Bad sehe, trifft mich fast der Schlag. Mayito hat eine Überschwemmung veranstaltet und ich frage ihn, ob er denn nicht den Duschvorhang benutzt hat. „Doch, ich habe ihn benutzt, ich weiß auch nicht, wie das passieren konnte". Als er mich fragt, ob ich auch eine Seife anstatt Duschgel habe, muss ich schmunzeln. Er erklärt mir, dass er sich lieber mit einem Stück Seife waschen möchte, Duschgel findet er komisch. Ich verspreche ihm, dass wir morgen Seife kaufen und dann gehen wir ins Bett, da morgen ja die Hochzeit meines Bruders ist und wir schon vor 9 Uhr zum Standesamt losfahren müssen.

Mein Bruder heiratet

Am Morgen muss alles schnell gehen. Wir trinken Kaffee und frühstücken Rotweinkuchen. Dann ziehen wir uns an. Mayito sieht in seiner dunkelblauen Hose, dem weißen Hemd und den schwarzen Schuhen schick aus. Nur die beigefarbene Weste, die er über sein Hemd anziehen will, gefällt mir nicht besonders. Ich habe mein Dirndl an und erkläre Mayito, was es damit auf sich hat. Zum Standesamt brauchen wir etwa eine halbe Stunde. Meine Mama wird von meinem Bruder abgeholt, für uns beide ist im Auto aber leider kein Platz mehr. Da Mayito die U-Bahn nur aus dem Fernsehen kennt, beginnt der Morgen schon mit einem Abenteuer für ihn. Während wir auf die U-Bahn warten, filmt er den Bahnsteig und die einfahrende U-Bahn auf dem anderen Gleis. Er macht Fotos und filmt, bis wir in der Poccistraße ankommen, von wo aus es nur noch einige Minuten zum Standesamt sind. Als wir im dritten Stock ankommen, sehe ich bereits meine Mama, die auch ihr Dirndl anhat. Sie sieht k.o. aus und ich weiß, dass im Moment alles etwas zu viel für sie ist. Mein Papa liegt im Krankenhaus, Stefan heiratet und Mayito ist hier. Das alles überfordert sie. Sie sagt mir, dass es ihr gar nicht gut geht und dass sie nach der Hochzeit gleich nach Hause fahren will. Es macht mich traurig, sie so zu sehen. Mein Neffe Leo hingegen macht einen vergnügten Eindruck, schließlich muss er wegen der Hochzeit seines Papas heute nicht in die Schule. Mein Bruder Stefan trägt einen schicken Anzug und Chantima ein weißes Brautkleid. Während der Trauung ist auch eine Übersetzerin anwesend, die für Chantima alles ins

Thailändische übersetzt. Mayito hat den Job als Fotograf übernommen und macht mit meiner und Stefan's Kamera unzählige Fotos.

Nach der Trauung verabschiedet sich meine Mama von uns. Sie fühlt sich nicht gut und will nach Hause fahren. Wir gehen noch zusammen zur U-Bahn und ich bitte sie, mir kurz Bescheid zu geben, wenn sie zu Hause angekommen ist. Mayito und ich machen uns auf den Weg in den Hofgarten im Zentrum Münchens nahe dem Odeonsplatz, wo wir uns mit dem Brautpaar, mit Leo und Chantima's Freundin treffen, um Fotos zu machen. Der Hofgarten ist im Sommer ein beliebtes Fotomotiv, da er mit Blumen bepflanzt und wunderschön ist. Anschließend machen wir uns auf den Weg nach Schwabing in die Leopoldstraße, wo mein Bruder einen Tisch in einem griechischen Restaurant reserviert hat. Mit Mayito bin ich mit der U-Bahn etwas schneller in Schwabing und so haben wir noch Zeit etwas herumzuschauen. Mayito betrachtet einen Obst- und Gemüsestand und fragt mich nach einigen Früchten, die er nicht kennt. Als er anfängt zu filmen, sage ich ihm, er soll noch etwas warten, da ich erst fragen muss, ob er den Obststand filmen kann. Mayito sieht mich fragend an und ich erkläre ihm, dass man hier in Deutschland nicht einfach alles und jeden filmen kann. Ich rede mit dem Besitzer des Obststandes und erkläre ihm, dass das Video nicht im Internet landen wird, dass mein Freund das erste Mal auf Reisen ist und er das Video lediglich seinen kubanischen Freunden und der Familie zeigen will. Etwas mürrisch erlaubt er, dass wir filmen und Fotos machen. Nachdem Mayito jede Frucht gefühlte fünf Minuten gefilmt hat, dränge ich ihn, dass wir weiter gehen, nicht dass Stefan und die anderen bereits auf uns warten.

Da das Wetter schön ist, setzen wir uns an einen Tisch im Freien und bestellen zwei Vorspeiurenteller für alle und jeder noch eine separate Hauptspeise. Wir genießen das Essen und werden von den im Umkreis sitzenden Leuten neugierig beobachtet, denn schließlich fällt eine Braut und ein Bräutigam beim Griechen ziemlich auf. Nachdem mein Bruder bezahlt hat, machen Mayito und ich uns auf den Weg zur U-Bahn. Mein Bruder fährt mit dem Auto. Auf dem Weg zur U-Bahn will Mayito unbedingt in einen Drogeriemarkt und beginnt schon am Eingang zu filmen. Er geht durch alle Gänge und filmt die Shampoos, die Duschgele, Cremes, Rasierschaum, Zahnpasta und alles, was ein Drogeriemarkt so zu bieten hat. Erst am Ausgang beendet er das Video und ich muss lachen. Aber weil ich die Supermärkte und das Angebot in Kuba kenne, kann ich verstehen, dass er jede Kleinigkeit, die er hier sieht und erlebt unbedingt festhalten will, um in Kuba alles seiner Familie und seinen Freunden zu zeigen. „Das glaubt mir keiner" sagt er immer wieder. Jede Kleinigkeit, die für uns selbstverständlich ist, ist für ihn ein kleines Abenteuer. Das Benutzen der Rolltreppe, das Fahren mit der U-Bahn, die Sauberkeit auf den Straßen, die mit Blumen bepflanzten Balkone; alles begeistert ihn und alles wird per Handy festgehalten. Es macht Spaß, ihn so glücklich zu sehen, so wissbegierig und aufgeregt. Den Abend verbringen wir auf der Couch und schauen einen Film nach dem anderen. Für mich ist es eine ganz gute Übung, da die Filme in Spanisch sind.

Stadtführung durch München

Am nächsten Morgen starten wir recht früh in die Innenstadt. Es steht eine Stadtführung an und da ich die Führung in Spanisch gebucht habe, bin ich gespannt, wie viele Leute es sein werden und ob ich alles verstehe. Ich hoffe, dass Mayito nicht langweilig wird bei einer Stadtführung, aber natürlich soll er meine Stadt auch kennenlernen und mehr über sie erfahren. Wir kommen etwas zu früh am Marienplatz an, aber unser Führer Miguel steht schon vor der Mariensäule. Er begrüßt uns herzlich und übergibt uns unsere Tickets. Mayito macht Fotos vom Rathaus und vom Marienplatz und er sagt immer wieder, wie schön er München findet. „Schatz, Du hast bisher nur einen kleinen Bruchteil gesehen, das ist erst der Anfang", sage ich zu ihm. Es gesellen sich immer mehr Menschen zu uns und ich bekomme mit, dass viele aus Spanien sind, aber auch einige unter anderem aus Argentinien und Mexiko. Die Tour dauert drei Stunden und wir haben jede Menge Spaß. Dank Miguel und seiner lockeren Art ist die Tour keine Sekunde langweilig. Sein enormes Wissen und seine charmante und lustige Art macht die Tour einzigartig. Wir erfahren alles über die Frauenkirche, den Viktualienmarkt, den Marienplatz mit seinem Rathaus und dem berühmten Glockenspiel, das Nationaltheater, die Feldherrnhalle, den Odeonsplatz und natürlich das Hofbräuhaus. Ich bin insgeheim sehr stolz auf mich, da ich Miguel sehr gut folgen kann, obwohl die Tour auf Spanisch ist. Nach drei Stunden verabschieden wir uns von Miguel und er bekommt noch ein ordentliches Trinkgeld. Mein Magen knurrt und so machen wir uns auf den Weg zurück ins Hofbräuhaus. Natürlich ist es ein Muss, eine Maß Bier im Hofbräuhaus zu trinken. Wir suchen uns einen schönen Platz und ich bestelle zwei Maß Bier, einen bayerischen Wurstsalat und einen Obazd'n mit Breze. Es spielt eine bayerische Kapelle und Mayito gefällt die bayerische Stimmung.

Das absolute Highlight dieses Tages für meinen Kubaner ist allerdings ein Besuch im Saturn Hansa und wie erwartet wird wieder fleißig gefilmt und gestaunt und da bereits nach zwei Tagen in Deutschland der Speicher auf seinem Handy fast voll ist, kaufen wir auch gleich noch eine Speicherkarte.

Zum Abendessen sind wir bei meiner Tante Mali eingeladen. Es gibt Schweinebraten mit Knödel und Blaukraut. Auch meine Mama, meine Cousine Karina und ihr Freund Florian, meine Tante und Cousine aus Kanada sind da, um Mayito kennenzulernen. Während wir essen frage ich mich die ganze Zeit, ob er sich unwohl fühlt aber er schlägt sich ganz gut und ich übersetzte fleißig alle Fragen und auch seine Antworten. Natürlich wäre es wesentlich einfacher, wenn Mayito deutsch sprechen und verstehen könnte aber so ist es wieder eine gute Übung für mich und ich bin froh, dass auch diejenigen, die im Vorfeld skeptisch und mit Vorurteilen behaftet waren, nun freundlich sind und die Vorurteile über Bord geworfen haben. Nichts war mir wichtiger, als dass er sich in meiner Familie genauso willkommen fühlt wie ich in seiner, in der ich mit offenen Armen aufgenommen wurde und immer herzlich willkommen bin. Für ihn war es ein großer Schritt und auch eine Überwindung nach Deutschland zu kommen, in ein fremdes Land ohne die Sprache zu sprechen, über das er im Vorfeld in Kuba nicht nur Gutes zu hören bekam. Gerade in Bezug auf Rassismus und Fremdenfeindlichkeit wird in Kuba nicht immer gut über Deutschland gesprochen und Mayito erzählte mir vor seiner Reise, dass er schon etwas Angst habe. Gottseidank konnte ich ihm die Angst nehmen und er fühlt sich nun sichtlich wohl und auch der Schweinebraten und die Knödel schmecken ihm hervorragend.

Zugspitze

Am nächsten Morgen beschließen wir, dass wir zur Zugspitze aufbrechen. Die Aussicht in den Bergen soll heute nahezu wolkenlos sein und wir erwarten einen sonnigen Tag. Ist es zu stark bewölkt auf der Zugspitze lohnt sich das viele Geld nicht, das man für die Anreise und die Auffahrt mit der Zahnradbahn bezahlt. Im Zug kann Mayito wieder nicht aufhören kleine Videos zu drehen. Er filmt die Wälder und Bauernhäuser, an denen wir vorbeifahren. Ich stelle mir die Frage, wie lange seine Speicherkarte wohl noch Platz für weitere Filme und Fotos haben wird. Als wir in Garmisch Partenkirchen ankommen sind es nur wenige Schritte bis zum Bahnhof der Zugspitzbahn. Aufgrund des schönen Wetters sind schon sehr viele Touristen am Bahnsteig und als die Zugspitzbahn einfährt, beeilen wir uns, damit wir noch einen schönen Sitzplatz bekommen. Für mich ist der heutige Ausflug auch etwas Besonderes, da auch ich heute zum ersten Mal auf die Zugspitze fahre. Es geht immer höher hinauf und an einigen Stellen hat man schon einen wunderschönen Ausblick auf den Eibsee.

Als wir am Zugspitzplatt angekommen sind und aus der Zahnradbahn aussteigen, bemerken wir sofort den Höhenunterschied. Es ist merklich kühler als noch vor einer halben Stunde im Tal. Aber da die Sonne scheint kann man es immer noch gut im T-Shirt aushalten. Ich bin sofort begeistert von der Aussicht, die sich uns bietet und auch Mayito sagt nur „Que maravilloso". Gleich entdecke ich, dass etwas weiter vorne Schnee liegt und so machen wir uns auf den Weg dorthin. Mayito kennt Schnee nur aus Erzählungen und aus dem Fernsehen und das absolute Highlight des Tages ist, als Mayito zum ersten Mal in seinem Leben Schnee in seinen Händen hält. Wir machen unzählige Fotos und er kann gar nicht genug davon bekommen, auf dem Schnee zu gehen und ihn anzufassen. Was für ein Erlebnis! Um dem Gipfel noch etwas näher zu kommen, steigen wir in die Gletscherbahn und fahren einige Minuten bis zur Gipfelstation und genießen den herrlichen Ausblick im Sonnenschein. Der Ausblick auf den Eibsee ist unvergesslich.

Nach einem späten Mittagessen am Zugspitzplatt machen wir uns langsam wieder auf den Rückweg. Im Zug nach München hören wir Musik und meine Gedanken sind bei meinem Papa. Bereits mehrere Tage war ich nicht mehr bei ihm im Krankenhaus und das schlechte Gewissen plagt mich. Ich will auf keinen Fall, dass er traurig oder enttäuscht ist, weil ich so lange nicht bei ihm war. Morgen fahre ich auf jeden Fall zu ihm, um ihn zu besuchen.

Den Abend verbringen wir gemütlich zu Hause und beschließen, kurz Maribel anzurufen, die Schwester von Mayito. Sie ist überrascht und freut sich sehr, seine Stimme zu hören und als er ihr vom heutigen Tag erzählt und dass er heute zum ersten Mal Schnee berührt hat, hört man einen gellenden Schrei aus dem Telefon. Maribel freut sich mit ihm und sie ist glücklich, dass er sich so wohl fühlt in Deutschland.

Da ich noch nicht viel Zeit hatte für meine Cousine Heidi und ihre Tochter Kylie, die gerade aus Kanada zu Besuch in Deutschland sind, verabreden wir uns, zusammen in den Biergarten zu gehen. Nicht weit von meiner Wohnung befindet sich der Hirschgarten, der größte Biergarten von ganz Bayern. Bei einer Radlermass und bayerischen Spezialitäten genießen wir unser Treffen. Am Nachmittag fahre ich mit meiner Mama zu Papa ins Krankenhaus. Er wirkt schwach und traurig. Er kann immer noch nichts essen und sein sehnlichster Wunsch ist es, endlich nach Hause zu dürfen. Ich freue mich, ihn endlich wieder zu sehen, denn ich war ja schon einige Tage nicht mehr im Krankenhaus. Er tut mir leid, wie er wie ein Häufchen Elend in seinem Krankenhausbett liegt und am liebsten würde ich ihn einpacken und mit nach Hause nehmen. Er hat immer noch Schmerzen und schon beim Gedanken an Essen wird ihm übel. Die Krankenschwestern interessieren sich wenig für seinen Zustand und sein Tablett mit Essen wandert wie jeden Tag unangetastet so zurück wie es gebracht wurde. Einige Schlucke von seiner Flüssignahrung mit Waldbeerengeschmack ist das einzige, was er zu sich nehmen kann, ohne dass er gleich erbrechen muss. Obwohl er so gut wie nichts zu sich nimmt, ist sein Bauch dick und hart, doch wie immer ist es am Nachmittag unmöglich, einen Arzt zu Gesicht zu bekommen. Kommenden Montag will meine Mama schon recht früh ins Krankenhaus fahren, um die Stationsärztin zum Gespräch zu bitten. Schließlich wollen wir endlich wissen, wie es weitergeht, was man tun kann, dass ihm nicht immer schlecht ist und wann er endlich wieder nach Hause darf.

Die Zeit mit Mayito hingegen vergeht wie im Flug. Einerseits bin ich sehr glücklich mit ihm und genieße jede Minute an seiner Seite. Jedoch bin ich andererseits in großer Sorge um meinen Papa. Meine Gefühle fahren im Moment Achterbahn. Ich rede viel mit Mayito über meine Gefühle und meine große Sorge um meinen Papa und es tut gut, ihn an meiner Seite zu haben. Er tröstet mich, lenkt mich ab und hört mir zu. Er redet viel mit mir über meine Ängste und schenkt mir Kraft und Hoffnung. Ich fühle mich nicht allein mit meinen Sorgen und das hilft mir sehr.

Bevor ich am Samstag ins Krankenhaus fahre, verbringen Mayito und ich die Zeit in einem kleinen Einkaufszentrum, das nicht weit von meiner Wohnung entfernt ist. Wir kaufen eine Jeans für ihn und ein Spiderman-Shirt für seinen kleinen Sohn Mario. Nach dem Krankenhaus treffen wir uns zum Abendessen mit meinen Verwandten, da der Besuch aus Kanada schon morgen wieder nach Hause fliegen wird. Den Sonntag verbringen wir zu Hause. Es regnet fast den ganzen Tag und erst am Abend verabreden wir uns mit meiner Freundin Janina, die im Februar Mayito ja schon in Kuba kennengelernt hat.

Abenteuer Baumarkt

Als ich am Montag nach dem Frühstück beschließe
mit Mayito in einen nahe gelegenen Baumarkt zu
fahren, ahne ich noch nicht, was für eine Begeisterung
ich in Mayito auslösen werde. Schon beim Betreten
des riesigen Baumarktes werden Mayito's Augen
immer größer, als er die ganzen Maschinen, Werk-
zeuge, Schrauben, Nägel und das Autozubehör sieht.
Wieder beginnt er jede Bohrmaschine, Kreissäge und
Kompressoren zu filmen und Fotos zu machen und
wir brauchen einige Stunden, bis wir jeden Gang
durch sind. Immer wieder sagt er mir „Schatz, wenn
ich nächstes Mal komme, dann muss ich viel Geld
mitnehmen, um mir einen Kompressor, einen Bunsen-
brenner und eine kleine Kreissäge mitzunehmen. Oder
vielleicht doch einige Dinge für mein Auto? Oder soll
ich mich doch lieber für eine Bohrmaschine und eine
Schleifmaschine entscheiden?". Ich muss lachen und
frage ihn, wie er denn die ganzen Sachen nach Kuba
nehmen will. Nach einigen Stunden im Baumarkt wird
mir immer langweiliger und ich bin froh, als wir durch
sind und den Rückweg antreten können. Als wir in der
Straßenbahn sitzen erhalte ich einen Anruf von meiner
Mama, die sehr aufgeregt klingt. Mein Papa wurde auf
die Intensivstation verlegt und die Ärztin auf der Intensivstation hat meine Mutter gebeten noch heute mit
der Patientenverfügung vorbeizukommen. Sie sagt,
dass das nur rein vorsorglich wäre und wir uns erstmal
keine Sorgen machen müssen. Jedoch bekomme ich
bei dieser Nachricht ein mulmiges Gefühl und mein
Magen zieht sich zusammen. Ich liefere Mayito in

meiner Wohnung ab, suche die benötigten Unterlagen zusammen und dann machen meine Mama und ich uns auf den Weg ins Krankenhaus. Die Intensivstation befindet sich um Untergeschoss des Krankenhauses und bevor wir eintreten dürfen müssen wir klingeln und über eine Sprechanlage mitteilen, zu wem wir wollen. Wir dürfen eintreten und es versetzt mir einen Stich ins Herz, als ich Papa da so liegen sehe. Über seinem Mund und seiner Nase befindet sich eine Sauerstoffmaske. Der Pfleger erklärt uns, dass er so leichter Luft bekommt und sich besser fühlt. Zu seinem Wirbelbruch und seiner Magenschleimhautentzündung ist noch eine Lungenentzündung gekommen und mein Papa soll die nächsten zwei Tage auf der Intensivstation bleiben, bevor er wieder auf die normale Station verlegt werden kann. Wir reden mit ihm und streicheln seine Hand und er wirkt etwas beruhigter, als er bemerkt, dass wir da sind. Der Ärztin übergebe ich die Patientenverfügung, gehe jedoch zu diesem Zeitpunkt davon aus, dass das grundsätzlich verlangt wird, sobald ein Patient auf die Intensivstation verlegt wird.

Abends rede ich viel mit Mayito über meinen Papa, aber auch über Kuba. Als er plötzlich beginnt über die politische Lage in Kuba zu schimpfen wundere ich mich etwas und frage ihn, warum er nie vorher mit mir darüber geredet hat. Er antwortet „Weil wir hier nicht in Kuba sind und ich hier mit Dir darüber reden kann. In Kuba leben wir in einer Seifenblase und man muss vorsichtig sein, was man sagt". Ich merke wie gut es ihm tut plötzlich offen über alles reden zu können, ohne Angst haben zu müssen, dass er wegen seiner Äußerungen eingesperrt wird.

Olympiazentrum und Schloss Nymphenburg

Am nächsten Morgen machen wir uns auf den Weg in das Olympiazentrum. Es ist ein warmer und sonniger Tag und so haben wir auf dem Olympiaturm eine wunderschöne Aussicht auf ganz München. Insgesamt ist der Olympiaturm fast dreihundert Meter hoch und eines der Wahrzeichen von München. Das Olympiastadion sieht von ganz oben faszinierend aus und ich erkläre Mayito, dass hier in den Sommermonaten viele Rockkonzerte stattfinden. Nachdem wir wieder unten angekommen sind, machen wir Pause auf einer Bank am Olympiasee und beobachten das Treiben rund um den See. Bei dem schönen Wetter sind viele Menschen unterwegs. Nachdem wir mit Genuss eine Bratwurst in der Semmel verdrückt haben besuchen wir die BMW-Welt. Hier sind die verschiedensten BMW-Modelle aus Vergangenheit, Gegenwart und Zukunft ausgestellt. Eigentlich hatte ich vor, danach noch in das angrenzende BMW-Museum zu gehen, aber Mayito ist schon von der BMW-Welt so begeistert, dass ich nach zwei Stunden entscheide, nicht mehr in das Museum zu gehen. So spare ich mir den Eintritt und weitere Stunden zwischen Autos, Motorrädern und Motoren. Stattdessen haben wir so noch Zeit zum Schloss Nymphenburg zu fahren. Das beliebte Touristenziel liegt im Westen Münchens und das Schloss gehört zu den großen Königsschlössern Europas und der angrenzende Schlosspark lädt zu ausgedehnten Spaziergängen ein. Wir genießen den

Spaziergang durch den Schlosspark und gehen Hand in Hand fast zwei Stunden durch den Park.

Inzwischen liegt mein Vater schon über drei Wochen im Krankenhaus und seit mehr als zwei Tagen auf der Intensivstation. Da ein Lungenflügel sich immer mehr mit Flüssigkeit füllt, haben die Ärzte entschieden einen Eingriff vorzunehmen, bei dem sie versuchen den Großteil der Flüssigkeit abzusaugen. Wir machen uns große Sorgen, da der Eingriff unter einer leichten Sedierung erfolgt und wir hoffen, dass er alles gut übersteht. Als meine Mama und ich ihn nach dem Eingriff besuchen sind wir erleichtert, denn er hat alles gut überstanden und es macht den Eindruck, dass er wieder leichter atmen kann. Ich nehme seine Hand in meine und sage zu ihm, dass er so fest drücken soll wie er nur kann und als ich spüre, dass er meine Hand drückt, bin ich glücklich, ihn zu spüren.

Ein trauriger Tag

Am Donnerstag sind Mayito und ich bei Yolexis zum Frühstück eingeladen. Yolexis ist eine gebürtige Kubanerin, die aber bereits seit mehr als zwanzig Jahren in Deutschland lebt. Vor meinem zweiten Besuch in Kuba hatte ich einige Spanischstunden bei ihr genommen. Mayito genießt es sehr in Deutschland auch einmal mit jemand anderem Spanisch reden zu können außer mit mir und die Leckereien, die Yolexis vorbereitet hat sind reichlich. Als Yolexis ihren Sohn von der Schule abholt und wir in ihrer Wohnung auf ihre Rückkehr warten, bekomme ich einen Anruf von meiner Mutter. Wir sollen sofort kommen. Das Krankenhaus hat angerufen, dass es Papa schlecht geht. Ich habe einen Kloß im Hals und mein Herz überschlägt sich fast. Mir wird schlecht und in Windeseile packe ich meine Sachen ein und schlüpfe in meine Schuhe. Wir ziehen nur die Tür hinter uns zu und machen uns im Laufschritt auf den Weg zur U-Bahn. Unterwegs schreibe ich Yolexis eine Nachricht, dass wir leider gehen mussten, weil es meinem Vater sehr schlecht geht. Ich liefere Mayito bei mir in der Wohnung ab und fahre so schnell es geht mit meiner Mama ins Krankenhaus. In der Intensivstation angekommen bitten wir gleich um ein Gespräch mit der Ärztin. Die erklärt uns dann einfühlsam und ausführlich die Lage. Das was sie uns sagt, können wir nur schwer begreifen. Mein Vater wird es nicht mehr lange schaffen. Mit unserem Einverständnis wird die künstliche Ernährung und die Beatmung mit Sauerstoff abgestellt. Sie erklärt uns, dass mein Vater Morphium bekommt und so nicht mehr viel mitbekommt, dass er noch heute von uns gehen wird, er aber keine Schmerzen leiden muss und einfach einschlafen wird. Die Worte kommen zwar an aber begreifen und realisieren können wir das alles nicht. Wie kann es sein, dass er vor drei Wochen wegen Rückenschmerzen eingeliefert wurde und nun sterben wird? Das ist doch nicht möglich. Wir benachrichtigen meinen Bruder Stefan, dass er so schnell wie möglich ins Krankenhaus kommen soll und gegen 17 Uhr kommt er mit Chantima und Leo. Ich sage ihm unter Tränen, dass er sich verabschieden muss und plötzlich stehen wir alle um das Bett herum und weinen. Stefan, Leo und Chantima bleiben nicht lange. Stefan meint, er will ihn nicht sterben sehen. Also nimmt er noch einmal seine Hand und verlässt mit Leo und Chantima die Intensivstation.

Mama und ich stellen uns auf eine Nacht an Papa's Seite ein und beschließen, uns kurz die Beine draußen zu vertreten und etwas frische Luft zu schnappen. Draußen zünde ich mir erst einmal eine Zigarette an und rufe Mayito an. Ich bitte ihn, dass er die Katzen füttern soll und sich etwas im Kühlschrank etwas Essbares suchen soll, da ich nicht weiß, wann ich heimkommen werde. Er sagt, ich soll mir keine Sorgen machen, er kümmert sich um die Katzen. Wir bleiben nur etwa zehn Minuten weg und als wir zurückkommen und uns wieder an Papa's Bett setzen fällt mein Blick auf den Monitor, auf dessen Bildschirm unter anderem die Höhe des Blutdrucks und des Puls angezeigt wird. Mit Schrecken bemerke ich, dass der obere Wert des Blutdruckes schon auf 35 gesunken ist. Ich verspüre einen Stich in meinem Herzen und schaue Mama an. Ich bekomme Angst und wir beide wissen, dass er nur noch einige Minuten zu leben hat. Fast kommt es mir vor, als hätte er noch gewartet, bis wir zurück an seinem Bett sind, bevor er sich für immer verabschiedet. Als der Monitor zu piepen beginnt und ein Pfleger an das Bett tritt und uns sagt, dass er es jetzt gleich überstanden hat beginnen wir laut schluchzend zu weinen. Der Pfleger legt seine Hand auf meine Schulter und ein letztes Mal öffnet mein Papa seinen Mund und macht seinen letzten Atemzug. In diesem Moment ist alles schwer zu begreifen. Wie soll man das auch begreifen bei einer anfänglichen Diagnose vor drei Wochen, dass er einen Bruch in der Wirbelsäule hat. Der Pfleger bittet uns, dass wir für etwa zwanzig Minuten den Raum verlassen sollen, da

Papa jetzt von den ganzen Schläuchen befreit und gewaschen wird. Mama und ich gehen in die Cafeteria ins Erdgeschoss und trinken einen Kaffee aus dem Automaten. Ich gehe kurz nach draußen, rauche eine Zigarette und rufe Mayito an. Weinend teile ich ihm mit, dass mein Papa jetzt ein Engel ist.

Als wir in die Intensivstation zurückkehren ist Papa von allen Schläuchen befreit und hat die Hände gefaltet. Auf einem Tischchen steht eine Kerze, ein Kreuz und Papa's Lieblingsblume, eine Orchidee. Lächelnd sage ich zu Mama „Schau, wie als hätten sie es gewusst, dass Papa Orchideen geliebt hat". Wir nehmen ein letztes Mal Abschied und fahren unter Schock zurück nach Hause. Ich frage Mama, ob sie noch mit zu mir kommen will aber sie verneint und will lieber ihre Schwester anrufen. Zu Hause angekommen falle ich Mayito weinend in die Arme und erzähle ihm alles. Er tröstet mich und kann auch seine Tränen nicht mehr zurückhalten. Erschöpft schlafe ich wenig später in seinen Armen ein.

Bei meinem Anruf beim Bestattungsinstitut erfahre ich am nächsten Morgen, dass wir für heute keinen Termin mehr bekommen, sondern erst am Samstag und da zu Hause sitzen ja auch nichts bringt und ich nur noch zwei Tage mit Mayito habe, bevor er zurück nach Kuba muss, beschließen wir noch ein bisschen in die Innenstadt zu fahren. Da ich unter Schock stehe kann ich weder weinen noch lachen. Ich bewege mich wie ein Roboter durch die Stadt und doch bemühe ich mich, Mayito noch ein paar schöne Stunden zu machen. Aber auch er kann es kaum glauben. Immer wieder sagt er mir, wie gerne er meinen Vater ken-

nengelernt hätte. Ich bin einfach nur froh, dass er genau jetzt in diesen schweren Stunden bei mir ist.

Den Termin beim Beerdigungsinstitut bringen wir am
nächsten Tag besser als gedacht hinter uns. Am
Nachmittag beginnt Mayito Koffer zu packen und ich
helfe ihm. Wir haben große Probleme alles unterzu-
kriegen und auch noch das erlaubte Gewicht einzuhal-
ten. Schießlich wollen wir kein Übergepäck zahlen
und so darf der Koffer nur zehn Kilo an Gewicht haben, da die Nähmaschine mit einem Gewicht von fast
zehn Kilo ja auch noch mit muss. Mayito beschließt
dann drei Paar Schuhe und einige Klamotten bei mir
zu lassen.

Der letzte Abend

Abends machen wir uns auf den Weg zum Dillinger,
einem Restaurant mit Bar, wo wir uns mit meinen
Freundinnen Janina, Melanie, Lena und Pia zum Ab-
schiedsessen treffen. Janina und Melanie kennen Mayito ja schon. Wir verbringen einen schönen Abend
zusammen obwohl ich unfassbar traurig bin, dass
mein Papa gestorben ist und dass Mayito morgen ab-
reisen wird.

Auch am nächsten Morgen fällt es mir schwer zu lä-
cheln. Bepackt mit zwei Koffern und der Nähmaschine machen wir uns auf den Weg zum Hauptbahnhof
und nehmen von dort aus den Lufthansa- Flughafen-
bus, da diese Möglichkeit angesichts unseres Gepäcks
der wesentlich angenehmere ist. Es wäre zwar billiger

mit der S-Bahn zu fahren aber mir ist in diesem Moment der bequemere Weg lieber.

Die Warteschlange vor dem Check-in am Flughafen ist lang und so nutzen wir die Gelegenheit, uns noch einmal ganz nah zu sein. Wir umarmen uns und immer wieder sagt Mayito zu mir „Ich liebe Dich mi amor und wir sehen uns bald wieder! Vielen vielen Dank für alles". Nach dem Check-in beschließen wir die Abschiedszeremonie kurz zu machen. Wir küssen uns noch einmal und Mayito verspricht mir zu schreiben, sobald er in Havanna angekommen ist. Ich schaue ihm noch eine Weile hinterher. Dann drehe ich mich um und gehe zur Haltestelle des Flughafen-Busses. Im Bus kann ich dann meine Tränen nicht mehr zurückhalten und sie laufen fast bis ich am Hauptbahnhof ankomme. Ich fühle mich leer und einsam und bin froh, dass ich am Nachmittag wieder mit der Arbeit als Katzenbetreuerin anfangen kann.

Mayito ist wieder gut in Havanna angekommen. Er schreibt mir, dass er bei seiner Familie, bei Freunden und Arbeitskollegen nur noch von Deutschland redet und mit Stolz alle Fotos und Videos präsentiert bis seine Arbeitskollegen zu ihm sagen, dass er traumatisiert sei. Ich muss lachen, als er mir schreibt „Mi amor, vielen Dank, dass Du mich so traumatisiert hast". Bereits einige Tage nach seiner Abreise suche ich im Internet nach günstigen Flügen und ich habe Glück. Ich kann einen Flug mit Air Canada nach Havanna für etwas mehr als 500,-- Euro ergattern für einen Abflug am 15. Januar. Sofort kümmere ich mich auch um die Unterkunft und um die Inlandsflüge auf die Isla de la Juventud. Es wird nicht leicht, wieder eine so lange Zeit bis zu unserem Wiedersehen warten zu müssen, aber wir schaffen das schon.

Die Beerdigung

Am 1. August wache ich schon früh auf. Ich habe nicht gut geschlafen, denn ich muss ständig an die heutige Beerdigung von meinem Papa denken. Bereits gestern ist sein Bruder mit einem Freund aus Magdeburg angereist, mit denen wir den Nachmittag und Abend verbracht haben. Für heute sind Temperaturen mit über 30° angekündigt. Die Beerdigung wird im kleinsten Kreis stattfinden, da meine Mama und ich keine Lust haben, die ganze Verwandtschaft zu sehen, von denen die meisten sowieso keinerlei Kontakt zu meinem Vater hatten. Gegen 10 Uhr treffen wir uns vor der Aussegnungshalle am Waldfriedhof und wir verteilen die Rosen, die wir vorab besorgt haben. In der Aussegnungshalle müssen wir noch eine Weile warten und als ich dann plötzlich den Bestatter sehe, der die Urne in Händen hält, beginne ich laut zu schluchzen. Immer noch kann ich es nicht glauben, dass mein Vater nun in dieser Urne ist und nie mehr wiederkommen wird. Es ist ein schwerer und trauriger Tag und doch ein wichtiger Prozess, um Abschied nehmen zu können. Nach der Beerdigung gehen wir noch in ein italienisches Restaurant gegenüber vom Friedhof. Mein Papa hat immer gerne Pizza gegessen und so sitzen wir alle im Garten des Restaurants und essen Pizza. Anschließend verabschieden wir uns von allen und meine Mama und ich gehen noch einmal alleine zurück zum Grab meines Papas. Wir reden mit ihm, als stände er neben uns und bewundern die Blumengestecke. Es ist schwer zu begreifen, dass mein Papa jetzt hier auf dem Friedhof ist, wo er doch noch vor einigen Wochen in seinem Fernsehsessel saß und Fußball angeschaut hat. Wir fühlen uns leer und er fehlt uns. Er wird uns jeden Tag fehlen aber in unseren Herzen ist er für immer.

Da die Hitze mitterweile unerträglich wird, machen wir uns langsam auf den Weg nach Hause. Nach diesem harten Tag beschließen wir, uns ein Taxi zu gönnen. Als ich zu Hause ankomme will ich mich nur noch auf die Couch legen. Mayito hat mir schon vor Stunden geschrieben, dass er sich Sorgen um uns macht und wie es uns geht. Ich freue mich, dass er in Gedanken bei uns war. Ich antworte ihm und schlafe dann auf der Couch ein.

Es kehrt langsam wieder Routine ein und ich arbeite viel. In den Sommermonaten habe ich ohnehin immer jede Menge Katzenbetreuungen und so bin ich einigermaßen abgelenkt. Mit Mayito schreibe ich täglich E-Mails. Ich muss oft an meinem Papa denken. Er fehlt mir und immer wenn ich an seinem Friseur oder beim Metzger vorbeigehe, bei dem wir oft Spareribs oder „Haxerl" mitgenommen haben, muss ich daran denken, wie Mama, er und ich die gemeinsamen Ausflüge mit ihm im Rollstuhl genossen haben.

Hurrikan „Irma"

Als sich in der ersten Septemberwoche die Nachrichten häufen, dass sich ein Hurrikan gebildet hat, der auf Kuba zusteuert, mache ich mir von Tag zu Tag mehr Sorgen. Zuerst ist die Hoffnung groß, dass er vielleicht doch noch an Kuba vorbeizieht, jedoch steht Mitte der Woche fest, dass er Kuba direkt treffen wird und auch über Havanna hinwegfegen soll. Inzwischen schreibt auch Mayito, dass er sich große Sorgen macht, da sie in den kubanischen Nachrichten bereits vom stärksten Hurrikan aller Zeiten berichten. Am 9. September trifft er die letzten Vorbereitungen, damit der Schaden so gering wie möglich wird. Sein Auto steht inzwischen in einer sicheren Garage und das Haus seiner Mama hat er versucht so sturmsicher wie nur möglich zu machen. In den Nachrichten kann man bereits über die schweren Schäden lesen, die Hurrikan Irma auf anderen karibischen Inseln hinterlassen hat. Um sicherzugehen, dass wir so lang wie nur möglich in Kontakt bleiben können, lade ich am 10. September noch Guthaben auf Mayito's Handy. Laut den Berechnungen des National Hurrican Centers soll Irma in der Nacht vom 10. bis 11. September über Havanna hinwegfegen. Bereits am Nachmittag schreibt mir Mayito, dass es keinen Strom mehr gibt denn zur Sicherheit und um mögliche Stromunfälle zu verhindern, wird in solchen Fällen der Strom abgestellt. In der letzten Nachricht, die ich gegen 20 Uhr kubanischer Zeit von ihm erhalte schreibt er mir, dass er mit einigen Freunden in seiner Wohnung sitzt. Sie haben eine Flasche Rum aufgemacht und spielen Domino.

Die Winde werden von Minute zu Minute stärker und es hört sich an, als würde die Welt untergehen. Er beruhigt mich etwas und schreibt, dass sie sicher sind und dass er jetzt nicht mehr schreiben wird, da er seinen Akku ja nicht mehr aufladen kann ohne Strom. Ich kann die ganze Nacht nicht schlafen und versuche im Internet etwas über die aktuelle Lage herauszubekommen, jedoch beunruhigen mich die Nachrichten, die ich finde, nur noch mehr. Die Bilder und Videos, die ich am nächsten Tag im Internet zu sehen bekomme schockieren mich. Irma hat eine Spur der Zerstörung hinterlassen. Es sind zehn Menschen gestorben auf Kuba und viele Familien haben alles verloren. Irma ist mit Windgeschwindigkeiten von bis zu 250 km/h über Kuba gefegt und richtete entlang der gesamten Nordküste von Camagüey bis Havanna schwere Schäden an. Dächer und auch ganze Häuser wurden von Irma zerstört und einfach weggefegt. Bäume und Strommasten knickten um wie Streichhölzer.

Von Mayito habe ich immer noch keine Nachricht und ich hoffe, dass es bald wieder Strom gibt, damit er sein Handy wieder aufladen kann. Die erlösende Nachricht kommt jedoch erst am Dienstag. Mayito schreibt mir, dass es immer noch keinen Strom gibt, dass er jedoch in seine Arbeit gefahren ist, da er dort die Möglichkeit hat, sein Handy über den Zigarettenanzünder in seinem Bus aufzuladen. Er schreibt, dass die Nacht schrecklich war und dass alle große Angst hatten, dass es ihm jedoch gut ginge und auch bei seiner Mama und Schwester alles in Ordnung sei.

Noch am selben Tag entschließe ich mich, eine Spendenaktion ins Leben zu rufen. Den Menschen dort muss einfach geholfen werden und so verbringe ich den ganzen Tag damit meinen Spendenaufruf an die Familie, an Freunde und auch an Kunden meiner Katzenbetreuung zu senden. Auch in den folgenden Tagen hat mein Spendenaufruf höchste Priorität und innerhalb kürzester Zeit kommen etwas mehr als tausend Euro zusammen. Das Verteilen von Geld und Spenden ist in Kuba verboten und man muss äußerst vorsichtig sein, nicht von der Polizei erwischt zu werden aber da bin ich ganz zuversichtlich, dass die Spendenverteilung gut klappen wird. In der Presse und im Fernsehen wird nicht viel über die Schäden in Kuba berichtet und dank des US-Embargos gegen Kuba werden eine Vielzahl von Spendengeldern blockiert oder gar nicht erst übermittelt. So bin ich froh, die Spendenverteilung persönlich vor Ort übernehmen zu können.

Eine Woche nach dem Sturm sind die Aufräumarbeiten immer noch in vollem Gange und auch Mayito schreibt mir, dass es das Dach seiner Werkstatt weggefegt hat und er das nun reparieren muss, damit er sein Auto wieder unterstellen kann. Deshalb wundere ich mich auch nicht, dass ich an diesem Tag keine Nachricht von ihm erhalte. Sicher ist er mit dem Dach so beschäftigt, dass er keine Zeit hat. Auch am nächsten Tag lese ich nichts von ihm und wundere mich, dass er gar nicht auf meine E-Mails antwortet. Wahrscheinlich gibt es mal wieder Probleme mit den E-Mails und er kann keine sms schreiben weil sein Guthaben verbraucht ist. Endlich erhalte ich am Abend eine E-Mail und ich bin schockiert über das was ich lese. Beim Reparieren des Daches ist ein Teil davon auf seine Füße geknallt. Die Schmerzen waren unbeschreiblich und im Krankenhaus hat man dann festgestellt, dass sein Knöchel gebrochen ist. Ich schnappe mir sofort das Telefon und rufe ihn an. Er kann jedoch kaum reden und sagt mir, dass die Schmerzen so groß sind, dass er es kaum aushält und so reden wir nur kurz und das einzige was ich noch erfahre ist, dass er nun sechs Wochen lang einen Gips tragen muss und natürlich nicht arbeiten kann. Anders als bei uns in Deutschland bekommt Mayito für diese sechs Wochen auch kein Geld. Was für ein Mist! Um kein Geld für Essen ausgeben zu müssen und um zu verhindern, dass er mit seinem Gipsfuß Treppen steigen muss, quartiert er sich für die nächsten Wochen im Haus seiner Mama und Schwester ein. Das beruhigt mich, denn ich weiß, dass er da umsorgt, verwöhnt und bekocht wird. Das Beste daran ist jedoch, dass ich jeden Tag lange E-Mails von ihm bekomme. Die meiste Zeit verbringt er vor dem Fernseher. Er schaut mit seiner Mama Telenovelas oder auf einem USB-Stick gespeicherte Filme. Er schläft viel und berichtet mir jeden Tag, dass die Schmerzen immer weniger werden und er viel schläft, damit er im Januar, wenn ich komme, wieder fit und bereit für alle Abenteuer ist.

Ich werde Patentante

Durch Zufall werde ich im Internet auf die Bernhard Adolph Stiftung aufmerksam, die Spenden für Kuba sammelt, aber auch Kinderpatenschaften in Kuba vermittelt, um alleinerziehenden Müttern, die nicht viel haben und auf Hilfe angewiesen sind, zu unterstützen. So entscheide ich mich, eine Patenschaft für ein kleines Mädchen in Havanna zu übernehmen. Als ich meine Paten-Mappe mit allen Unterlagen erhalte, erfahre ich, dass die Kleine zweieinhalb Jahre alt ist und Silenay heißt. Die Mutter ist alleinerziehend und Silenay hat noch einen kleinen Bruder. Der Vater kümmert sich wenig um die Familie. Sie leben in Habana Vieja, in der Altstadt Havannas und sind sehr arm. Das Dach des Hauses ist undicht und es gibt kein fließendes Wasser in der Wohnung. Ich hoffe, dass ich die Familie durch meine Hilfe etwas unterstützen kann, damit sich die Lebensumstände ein wenig verbessern. Im Januar werde ich die Familie besuchen, möchte viel mehr über die Arbeit der Stiftung erfahren und sehen und es freut mich, als Mayito mir schreibt, dass er mich bei allen meinen Vorhaben unterstützen und er mich begleiten wird. Durch ein Telefonat mit dem Stiftungsgründer erfahre ich noch etwas mehr über die Projekte in Havanna und freue mich, dass ich mir das auch selbst alles vor Ort ansehen und die Sozialarbeiterin und die das Projekt betreuende Ordensschwester kennenlernen darf.

Und wie geht's weiter?

Meine erste Reise nach Kuba ist nun bereits mehr als zwei Jahre her und es vergeht seither kein Tag, an dem ich mit meinen Gedanken nicht bei meiner kubanischen Familie und meiner Lieblingsinsel bin. Mit Mayito schreibe ich jeden Tag und wir telefonieren einmal im Monat. Ich werde oft gefragt, wie es mit uns weitergeht und wie die Pläne sind. Für mich ist diese Beziehung nicht immer einfach und läuft auch nicht wie die typische Liebesbeziehung ab, jedoch ist sie für mich einzigartig und gerade die Umstände machen sie zu etwas Besonderem. Ich werde diese Beziehung so lange genießen, wie sie dauert und sollte sie auch eines Tages zu Ende gehen, aus welchen Gründen auch immer, so bleibt sie für immer ein wichtiger Abschnitt meines Lebens. Kuba hat mich sehr glücklich gemacht und hat mein Herz gestohlen, genau weil Kuba so ist wie es eben ist.

In zwei Monaten starte ich das vierte Mal nach Kuba und Mayito plant seinen nächsten Aufenthalt in Deutschland für kommendes Jahr im Juli. Das nächste Mal will er aber länger bleiben. Es gibt noch so viel, was ich mit ihm zusammen erleben will. Träume sind dazu da, um gelebt zu werden.

Niemand weiß, was die Zukunft bringt. Wir lassen uns überraschen und genießen das Leben!

"Vive, rie, ama,
perdona,
disfruta la vida
y sé feliz!"

„Lebe, lache liebe,
vergebe,
genieße das Leben und
sei glücklich!"

Te amo hasta la luna y hasta que se seque el Malecón...

Vive tus sueños!